琉光溢彩

王桐发、梁世平伉俪捐赠西洋玻璃器集萃

天津博物馆　编

科学出版社
北　京

图书在版编目（CIP）数据

琉光溢彩：王桐发、梁世平伉俪捐赠西洋玻璃器集萃 / 天津博物馆编. —北京：科学出版社，2018.12
ISBN 978-7-03-060374-6

Ⅰ. ①琉… Ⅱ. ①天… Ⅲ. ①玻璃器皿—世界—17世纪-19世纪—图集 Ⅳ. ①K866.5-64

中国版本图书馆CIP数据核字（2018）第301783号

责任编辑：张亚娜 / 责任校对：邹慧卿
责任印制：肖　兴 / 书籍设计：李猛工作室

科学出版社 出版

北京东黄城根北街16号
邮政编码：100717
http://www.sciencep.com

北京华联印刷有限公司 印刷
科学出版社发行　各地新华书店经销

*

2018年12月第　一　版　开本：889 × 1194　1/16
2018年12月第一次印刷　印张：7 1/2
字数：216 000

定价：108.00元

（如有印装质量问题，我社负责调换）

序

1918 年，天津博物馆的前身——天津博物院成立。自创建伊始，以院长严智怡为代表之贤达，即秉持“阐明文化，辅助教育，发扬国光”之天职，开创系列辟先河之举。如今百年流光，仍为文博界所借鉴。时年天津博物院藏品三分之一来自社会各界人士捐赠，堪知其社会影响之广泛。一个世纪以来，尽管天津博物院的发展历经坎坷，名称多变，但人们参与共建的热情未减，尤其在中华人民共和国成立后。天津因其特殊的地理位置和人文环境，自清晚迄至民国，即出现多位在全国深具影响力的文物收藏和鉴赏大家，最终他们将倾注一生心血汇聚而成的文物精品举以奉公，为今日天津博物馆重要典藏奠定了辉煌基础。现今，旅美实业家王桐发、梁世平伉俪将其收藏的 72 件（套）西洋玻璃器无偿捐赠给家乡博物馆，此举填补了天津博物馆的收藏空白，同时也使无私奉献精神得以延续。在天津博物馆百年华诞之际，我们特为王桐发、梁世平伉俪举办捐赠展，对于有着受赠传统的天津博物馆来说具有非凡的意义，堪称爱国收藏家奉献精神美好传承得到光大的生动呈现。

天津博物馆馆长 陈卓

我与玻璃器的收藏

本人于1946年正月在天津出生，二十多年前，举家移民到美国。在异国他乡，创业的道路是艰辛忙碌的，而闲暇之余，逛逛当地的古董商店便成为我最好最喜欢的休息方式。我年轻时就对收藏各种古物感兴趣，包括一些机械制品，在国内时已经是小有所得，如今在国外，仍延续着我的爱好。在众多精巧别致的历史文物中，我对玻璃珐琅器逐渐产生了特殊的偏爱。

最初，因为专业的缘故，我对钟表产生了兴趣，尤其是珐琅钟表，并渐收藏渐研究。在这个过程中，我接触到了画珐琅工艺，后又从画珐琅工艺了解到了玻璃胎画珐琅。人类发明玻璃制品已有五千年的历史，它是石与火的艺术，是大自然的造化，也是人类智慧的结晶；而玻璃胎画珐琅，又是火的艺术与绘画艺术的结合与升华。玻璃胎画珐琅是以玻璃为胎体，以画珐琅工艺进行装饰的复合工艺，其玻璃胎表面的绘画题材十分丰富，人物、风景、花鸟均可入画。细润的具有魔幻般变化的玻璃胎体与绚丽的珐琅彩相映成趣，其丰富的表现品质深深吸引了我，于是我开始注意搜集以玻璃胎画珐琅为代表的西洋玻璃器以及相关资料。

随着对玻璃器兴趣渐浓，我开始积极参加拍卖会，并经常光顾古董商店，以增长见识，时不时还收购一些心仪之作。从相关的历史资料中了解到，玻璃器受到人们的青睐由来已久。早在19世纪，随着新艺术运动的兴起，许多艺术家开始投入到玻璃器皿的设计当中，他们以个性化的设计唤起了人们对美的感知。如果说14—17世纪的文艺复兴开启了世俗审美的大门，那么发生在19世纪的新艺术运动则点燃了人们对生活装饰艺术的热情，让玻璃器皿得到了空前发展。因此，我的收藏也以19世纪新艺术运动后制作的玻璃器为主。

除了关注玻璃器的制作年份，我也十分注重玻璃器的制作工艺。藏品中，镀金、描金、画珐琅、套料、车刻和千花工艺玻璃器都有涉及。同种材料，通过不同的加工工艺，便可展现截然不同之美感。套料技术，表现了玻璃丰富的浮雕层次；车刻工艺，折射出玻璃晶莹剔透的美感；画珐琅工艺，让玻璃器散发出诗一般的浪漫气息；而千花工艺，则以其艳丽绚烂的色彩和华丽复杂的图案让人迷醉。值得一提的是，本次展览中的一件展品，透明琥珀色玻璃画珐琅花卉纹瓶，使用了玻璃微珠和画珐琅工艺结合烧制的特殊工艺。这是一种十分罕见的技艺，在光线的照射下，瓶内包含的玻璃微珠，像夏夜的繁星般闪耀着璀璨夺目的光彩，熠熠生辉，清丽艳美。每每欣赏时，总是爱不释手，百看不厌。我还收藏了一组三色海棠口花形镀金玻璃画珐琅花卉纹杯，该杯由享有“玻璃之王”美称的

王桐发、梁世平伉俪

捷克波西米亚卡罗维发利（Karlsbad）地区摩瑟（Moser）玻璃工厂生产制造，集合了镀金珐琅工艺的精美华丽，颜色绚烂多彩，是玻璃器中的瑰宝。

二十年来，我一直对玻璃器收藏情有独钟，也有幸与一些心爱之物结缘。然而，这条收藏之路也并非一帆风顺。在多数情况下，若想收藏一件玻璃器精品，是要费些心思与周折的。在一些大型、优质的古董商店里，上好的文物常作为镇店之宝，并不急于出售。例如，我曾在一家知名古董商店中看到一组玻璃画珐琅雪景图对瓶。白雪皑皑中，瓶身上近景的枯木与远处的树林遥相呼应，层次分明而浑然一体，宛如中国水墨画般勾勒出一幅静谧的雪景画面，别致且意境悠远。为了收藏这组对瓶，我多次往返于古董店，经过与店老板反反复复的沟通协商，才最终幸得收藏。

出于对艺术的热爱，我经常光顾中美两国的博物馆。洛杉矶有一座举世闻名的私人艺术博物馆——盖蒂中心（The Getty Center），它是洛杉矶最具标志性的人文艺术景点。由于这座博物馆是由美国石油大亨保罗·盖蒂（Jean Paul Getty）捐款兴建的，因此观众无需门票就可欣赏到捐赠者毕生的收藏，这其中既包括希腊罗马时期的雕塑、梵高的名画，也包括文艺复兴时期至19世纪末期的雕刻与玻璃器皿。每次徜徉其中，总是让人流连忘返。而在返回家乡的时候，天津博物馆

王桐发先生与他的收藏

也是我经常到访之处。这里有众多传世藏品源于周叔弢、张叔诚、徐世章、王襄等人的无私捐赠，其中不乏一批“国宝级”文物。这些收藏家将毕生珍藏的文物悉数捐赠给天津博物馆，这样的爱国之情、赤子之心，着实让人动容。在参观的过程中，我看到天津博物馆的馆藏类别十分丰富，涵盖了古代青铜器、陶瓷器、书法、绘画、玉器、玺印、文房用具、甲骨等多个类别，但在玻璃器方面却鲜有涉及。受感于上述收藏家们化私为公的慷慨义举，我的心中也渐渐产生了向天津博物馆捐赠所藏玻璃器的念头。

在我的收藏品中，有过一件19世纪制作的玻璃瓶，品相好、造型美，是难得的精品。闲暇之余，我时常将其从展柜取出，把玩欣赏一番。然而有一次，在我把它放回展柜的时候，不小心摔碎了。当时的痛惜之情，难以言表。经过这件事，我更加明白，每件文物都是有生命的，无论铜器、玉器，或是玻璃器，我们都只是它们的临时保管员。而这些文物只有回到博物馆中，才能得到最好的保管展示与保护研究，唯有博物馆才是它们最终的归宿。

2016年，我通过朋友联系到天津博物馆领导，表达了自己的捐赠意愿，馆里即派器物研究部主任徐春苓等几位专家来我家对玻璃器进行鉴定，之后经徐主任与馆领导商议，确定接受捐赠，并提议在2018年百年馆庆时为我举办特展。

天津市侨联主席胡胜才
会见王桐发先生

天津市文广局党委书记
黄永刚会见王桐发先生

天津博物馆馆长陈卓
会见王桐发先生

王桐发与天津市委、市侨联及
市文广局领导共同参观展览

王桐发先生为天津市委宣传部部长陈浙闽、
国家文物局副局长关强讲解展览

王桐发先生为陈卓馆长讲解展品

天津博物馆党委书记、馆长陈卓等领导先后与我会谈，对我的捐赠想法表示支持与赞赏，并表示将全力设计好、宣传好此次捐赠展。对此，我十分感激，多年来捐赠所藏的心愿终于得以实现了。

我的故乡天津是一座有着深厚收藏底蕴的城市，各类民间收藏十分活跃。作为一名收藏爱好者，我曾参加过私人收藏鉴赏活动，也看到了一些难得一见的文物精品散落在民间藏家手中。不得不说，天津的民间文物收藏的确是一座巨大的宝库。这次，我与夫人梁世平将多年珍藏的西洋玻璃器捐赠给天津博物馆，一方面是为多年所藏找到了真正的归宿，另一方面也愿借此抛砖引玉，将自己的捐赠经历介绍给收藏圈的朋友们。希望在不久的将来，能够看到更多的收藏家，将所藏文物捐赠给天津博物馆，让更多的文物回家，真正实现全民共赏，美美与共。

2018 年 6 月

天博百年馆庆开幕式领导为捐赠人及家属颁发特殊贡献奖杯（右三为王桐发先生）

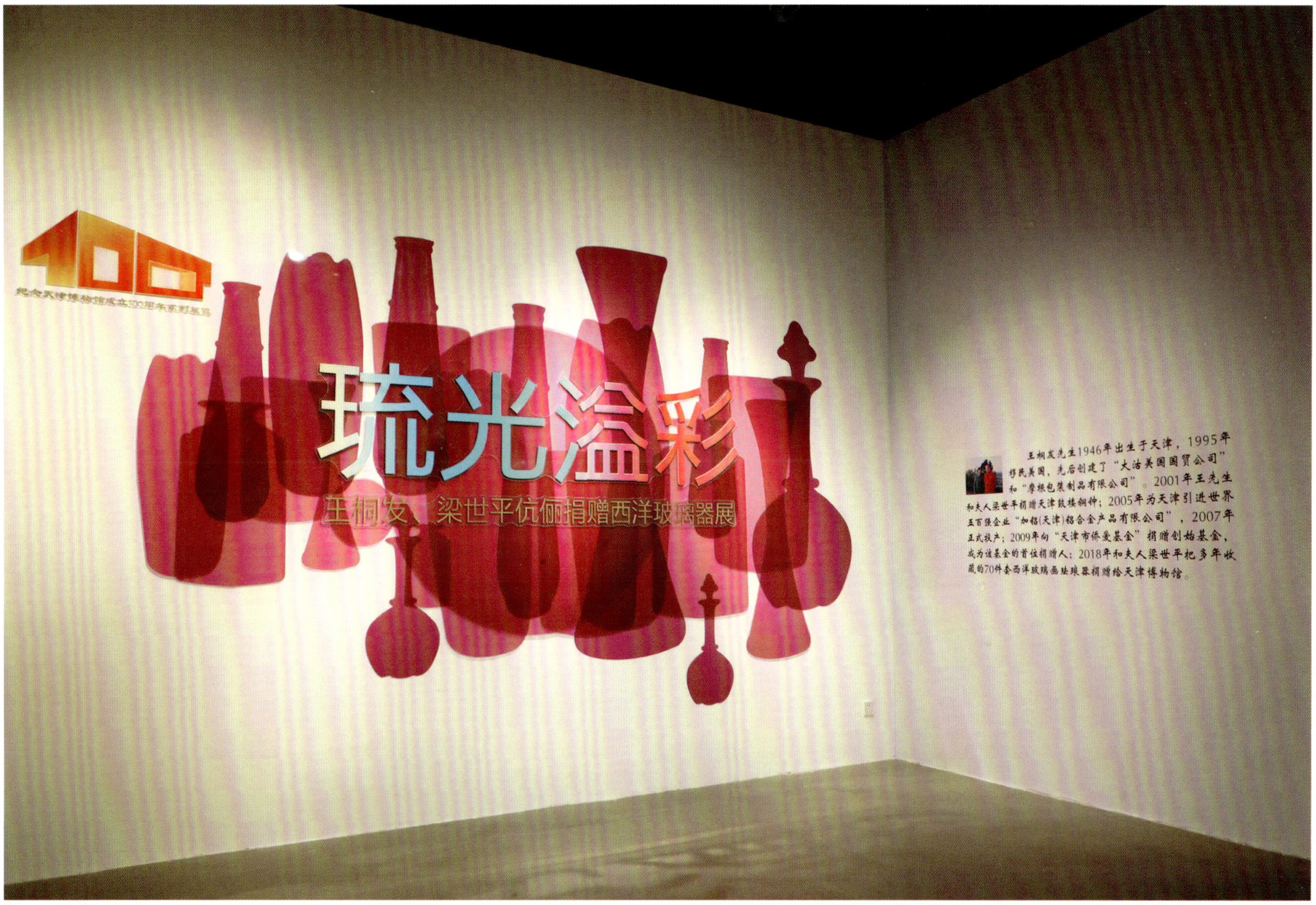
纪念天津博物馆成立100周年系列展览
琉光溢彩
王桐友、梁世平伉俪捐赠西洋玻璃器展
王桐友先生1946年出生于天津，1995年移民美国，先后创建了“大沽美国国贸公司”和“摩根包装制品有限公司”。2001年王先生和夫人梁世平捐赠天津鼓楼铜钟；2005年为天津引进世界五百强企业“加铝(天津)铝合金产品有限公司”，2007年正式投产；2009年向“天津市侨爱基金”捐赠创始基金，成为该基金的首位捐赠人；2018年和夫人梁世平把多年收藏的70件套西洋玻璃画珐琅器捐赠给天津博物馆。

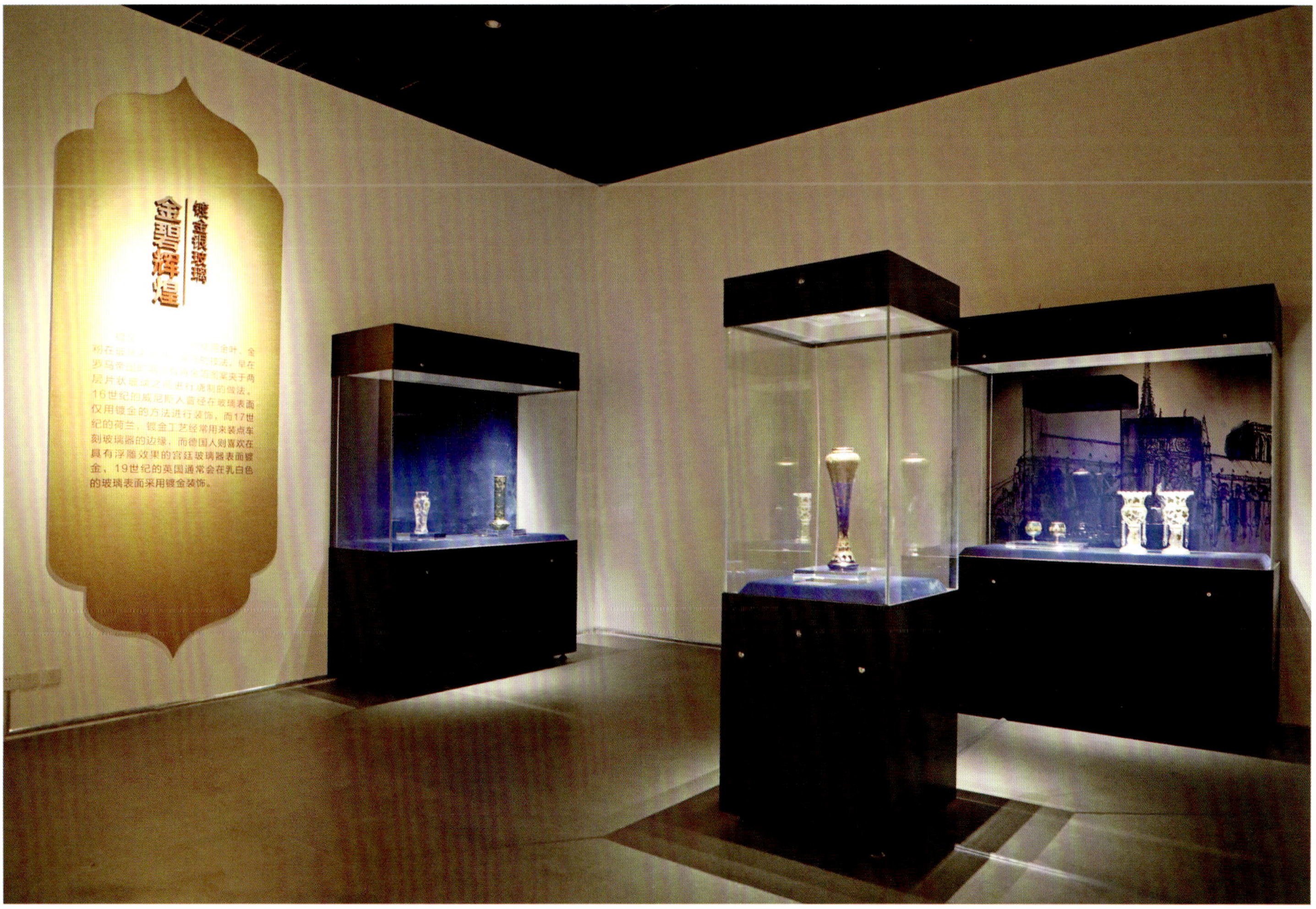
镀金银玻璃
金碧辉煌
16世纪的威尼斯人曾经在玻璃表面仅用镀金的方法进行装饰，而17世纪的荷兰，镀金工艺经常用来装点车刻玻璃器的边缘，而德国人则喜欢在具有浮雕效果的宫廷玻璃器表面镀金，19世纪的英国通常会在乳白色的玻璃表面采用镀金装饰。

彩焕琉衿
套料车刻玻璃
套料工艺指的是在吹制玻璃器物的过程中，在一层颜色玻璃上套取另一层颜色玻璃，层叠后塑造造型的一种热成型方法，最早可以追溯到罗马帝国时期的“波特兰花瓶”。
车刻指的是使用车轮雕刻机，利用砣玉的方法对玻璃表面进行研磨，产生切面或图案的一种冷加工工艺，伴随着罗马帝国时期的吹制玻璃工艺发展而来。17世纪开始，欧洲，尤其是波西米亚地区成为了复兴车刻工艺的摇篮，该工艺一直流行于18、19世纪。套料车刻玻璃也是中国清代玻璃艺术的代表。

琪花吐艳
特殊工艺玻璃
集合、借鉴、挪用不同历史时期的造型、装饰和工艺技术是十九世纪后期玻璃制作最突出的特点，除了在器物表面进行车刻、镀金、描金或釉彩装饰之外，还出现了一些较特殊的创新技法，比如在釉彩的基础上结合微珠玻璃烧制而成的“Coralene”装饰技法，或是将中世纪教堂彩色玻璃中的银着色技术应用在玻璃器物表面产生特殊颜色效果，亦或是利用铜板雕刻或腐蚀，以及水印木刻技术转印在玻璃表面获得图案。正是这些创新的技法造就了维多利亚时期玻璃器无比繁复的风格特点。

目　录

绪 言

人类使用玻璃材料已有5000多年的悠久历史，从古埃及人发明内核成型技术制作第一件玻璃容器开始，人们就一直在探索玻璃器物在使用功能基础上的艺术美感。

19世纪是玻璃艺术史上手工制作和工业化生产并存的重要时期，玻璃制作风格多姿多彩，追赶时尚潮流蔚然成风，并对不同历史时期玻璃器的造型、装饰图案和技术大胆借鉴与挪用。很多产品通常并没有很强的实用功能，更多是具有装饰特征的奇妙组合。制作工艺方面，虽仍以手工吹制为主，但由于机械化生产方式的介入，欧洲的玻璃工厂试图通过不断变化产品类型来满足人们追求奢华颜色造型和肌理的时尚需求，故手工吹制、模具吹制和模具压制成为这一时期玻璃产品的主要成型方式。装饰工艺方面，采用车刻、镀金、描金或是釉彩工艺，并出现多种工艺融合的装饰方法，以达到绚烂夺目的视觉效果。

金碧辉煌

镀金银玻璃

镀金（银）是一种使用金叶、金粉在玻璃表面进行装饰的技法，早在罗马帝国时期就有将金箔图案夹于两层片状玻璃之间进行烧制的做法。16 世纪的威尼斯人曾在玻璃表面仅用镀金的方法进行装饰，17 世纪的荷兰，镀金工艺经常用来装点车刻玻璃器的边缘，而德国人则喜欢在具有浮雕效果的宫廷玻璃器表面镀金，19 世纪的英国通常会在乳白色的玻璃表面采用镀金装饰。

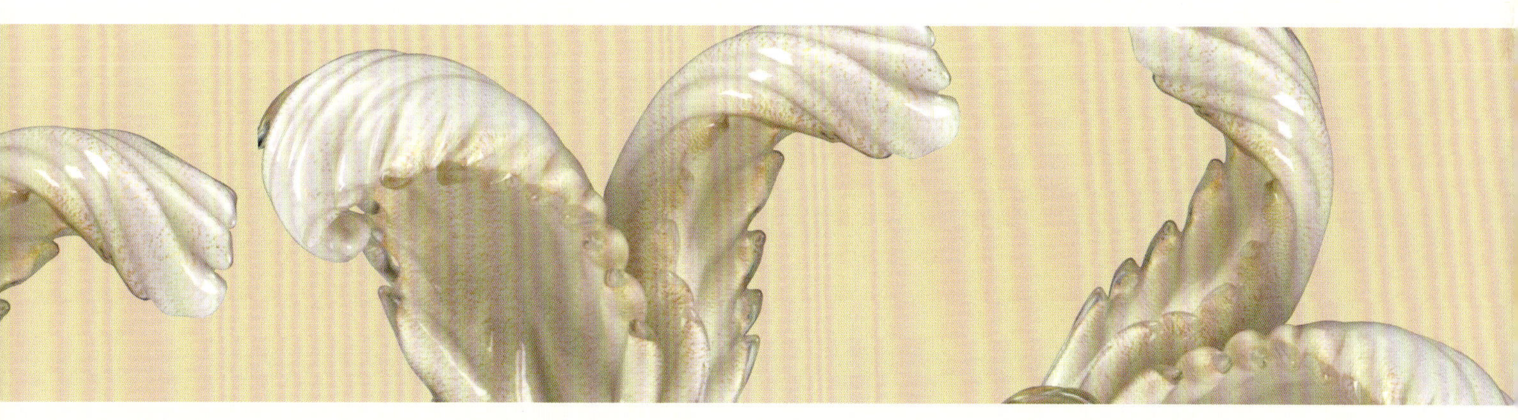

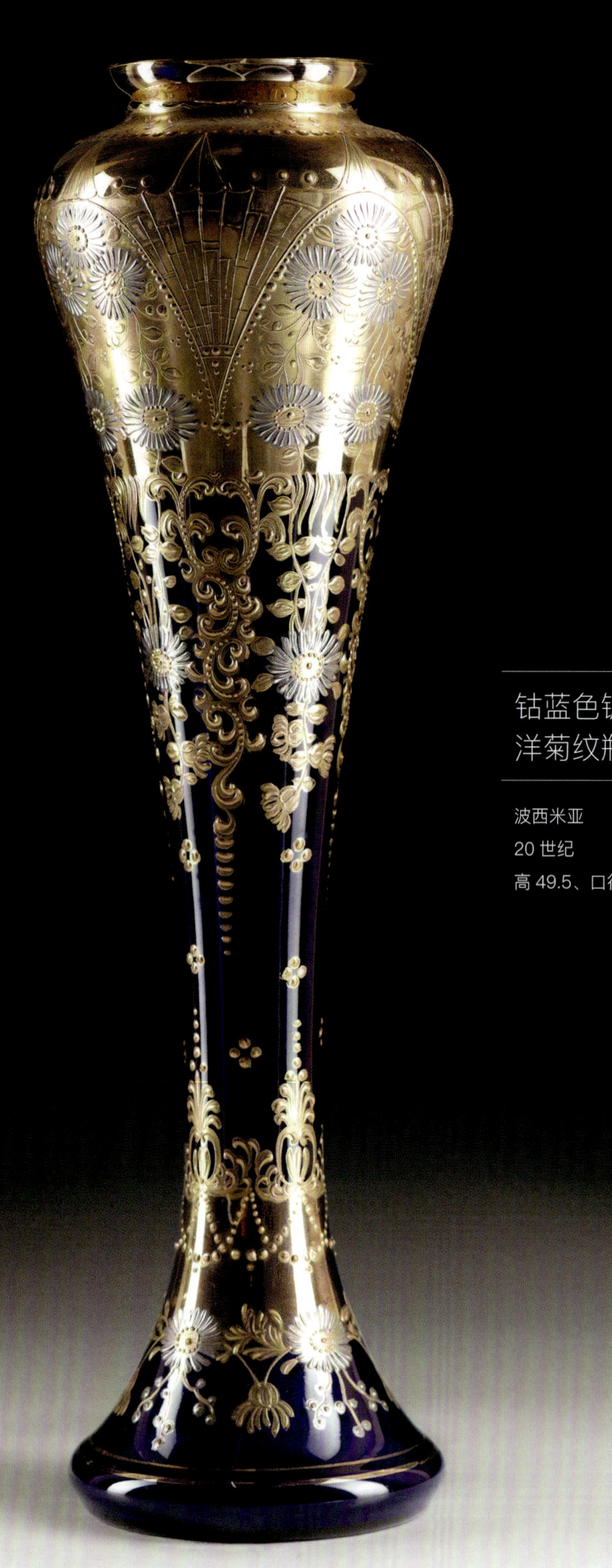

钴蓝色镀金银玻璃
洋菊纹瓶

波西米亚

20 世纪

高 49.5、口径 9.5、底径 12.5 厘米

透明绿色镀金车刻玻璃画珐琅洋花纹瓶

波西米亚摩瑟（Moser）玻璃工厂 *
19 世纪 80 年代
高 41、口径 9.4、底径 11.2 厘米

* 波西米亚卡罗维发利（Karlsbad）地区的摩瑟（Moser）玻璃工厂由路德维希·摩瑟（Ludwig Moser, 1833—1916）在 1857 年时创立，以玻璃画珐琅工艺著称，有着“玻璃之王”（The King of Glass）的美称。

透明镀金玻璃洋菊纹方形瓶

波西米亚

19 世纪末 20 世纪初

高 29.2、口径 7.5、底径 8.4 厘米

仿陶瓷镀金玻璃葡萄纹烛台（一对）

欧洲

19 世纪 90 年代

高 35.5、口径 8.3、底径 5.2 厘米

透明蓝色、烟灰色
镀金玻璃镶红蓝宝石酒杯（一对）

意大利

19 世纪末 20 世纪初

（左）蓝色杯：高 12.5、口径 7.4、底径 7.4 厘米

（右）灰色杯：高 12.5、口径 7.4、底径 7 厘米

白蓝套透明玻璃洒金鹦鹉

欧洲

19 世纪末 20 世纪初

高 44、宽 18.8、厚 20.5 厘米

以白色、天蓝色和透明结合洒金工艺创作的鹦鹉，淡雅清丽，生动华美。玻璃的特性运用得恰到好处，质地坚硬而塑造的形象温馨可人，极富生命力。

银华映彩

画珐琅玻璃

玻璃画珐琅，又称“釉彩”工艺，是一种将捻碎的玻璃粉末混合助熔玻璃和油、蜂蜜或树胶等媒介后，将其绘制在冷却的玻璃容器表面进行图案和颜色装饰，再经过加热烧制，使主体玻璃表面和釉彩永远地凝结在一起的过程。虽然玻璃釉彩技术早在罗马帝国时期就已经出现，但是，伊斯兰文明在 14 世纪制作的华丽清真寺釉彩玻璃灯才标志该技术真正地走向成熟。中国清宫造办处玻璃厂烧造的玻璃画珐琅器物同样也是非常杰出的案例。

在玻璃容器表面烧制釉彩是一项艰难的任务，控制釉彩的烧成且不使主体玻璃坍塌是其核心内容。进入 19 世纪，在玻璃表面装饰釉彩成为了一种流行，往往与镀金、车刻等其他装饰手法一同应用以增加玻璃器物的视觉感受和艺术价值。

仿陶瓷玻璃画珐琅
花卉纹蒜头瓶

美国杜兰德 & 金博 (Durand & Kimball) 玻璃工厂 *

20 世纪早期

高 25、口径 3.7、腹径 10.5、底径 6.7 厘米

底部写有“DK”字样（部分遗失）

* 美国杜兰德 & 金博（Durand & Kimball）玻璃工厂的前身可以追溯到 1892 年的维格兰弗林特（Vineland Flint）玻璃公司，1912 年与金博（Kimball）玻璃公司合并成为美国杜兰德 & 金博 (Durand & Kimball) 玻璃工厂，以生产玻璃实用器物为主。

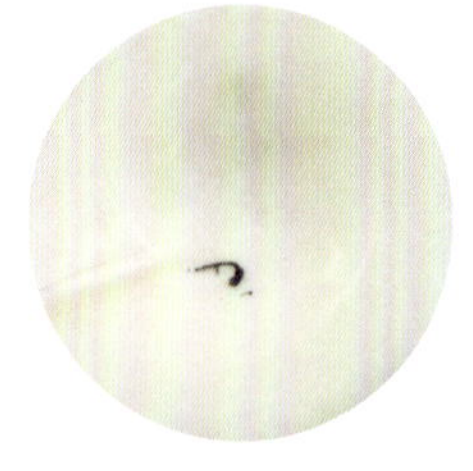

不透明灰色玻璃画珐琅
花鸟纹瓶（一对）

波西米亚

19 世纪末 20 世纪初

左：高 35.7、口径 11.6、底径 12.1 厘米

右：高 36.5、口径 11.8、底径 12.3 厘米

玻璃画珐琅雪景图瓶（一对）

欧洲

19 世纪末 20 世纪初

高 26.5、口径 7、底径 10 厘米

仿道姆（Daum）风格

透明绿色玻璃画珐琅蔷薇花纹瓶（一对）

波西米亚

19 世纪 80 年代至 20 世纪初

高 40、口径 9.2、底径 11 厘米

仿陶瓷玻璃画珐琅
花卉纹玉壶春瓶（一对）

中欧

19 世纪末 20 世纪初

左：高 32.5、口径 11、底径 9 厘米

右：高 33、口径 11.5、底径 9 厘米

玻璃画珐琅几何锦纹瓶

英国托马斯·韦伯父子（Thomas Webb & Sons）玻璃公司 *

19 世纪 80 年代

高 20.5、口径 8、底径 7.5 厘米

* 托马斯·韦伯父子（Thomas Webb & Sons）玻璃公司由托马斯·韦伯（Thomas Webb, 1804—1869）1837 年创立于英国斯陶尔布里奇（Stourbridge）地区。

玻璃画珐琅几何锦纹瓶

英国托马斯·韦伯父子（Thomas Webb & Sons）玻璃公司

19 世纪 80 年代

高 26、口径 9.5、底径 9 厘米

透明蓝色玻璃画珐琅
洋菊纹瓶

波西米亚

19 世纪末 20 世纪初

高 24.5、口径 8.5、底径 7.8 厘米

红套透明玻璃画珐琅花卉纹冷水壶

美国

19 世纪末 20 世纪初

高 17.3、盖口径 3、底径 4.5 厘米

透明带盖玻璃画珐琅人物图瓶（一对）

波西米亚

19 世纪末 20 世纪初

高 13.6、口径 4、底径 6 厘米

瓶身有“唇部乳液”（Mouth Lotion）和“漱口水”（Listerine）字样。

透明玻璃画珐琅风景图水具

欧洲

19 世纪末 20 世纪初

杯：高 12.5、口径 5.5、底径 4.8 厘米

壶：高 22、宽 10.2、底径 6.5 厘米

红套白玻璃画珐琅花卉纹盆

欧洲

19 世纪末 20 世纪初

高 6.5、口径 19、底径 17 厘米

方诸流映

镀金、描金与画珐琅玻璃

在同一玻璃器表面进行镀金、描金和画珐琅装饰的工艺最早可以追溯到13—14世纪的伊斯兰釉彩玻璃器。而19世纪的玻璃制作比历史上任何一个时期都显得空前繁荣，借鉴、挪用和并置前人的工艺并有所创新是这一时期的主题，尤其在欧洲大陆这一风尚持续流行，甚至影响了美国。

白套蓝镀金玻璃画珐琅花卉纹瓶

波西米亚
20 世纪早期
高 41.5、口径 7、底径 9.8 厘米

厚重的釉彩加之镀金工艺使该玻璃器物的表面产生立体浮雕般效果。植物的茎叶惟妙惟肖，仿佛真实可触。白色套蓝的玻璃，好似蔚蓝天空下的庭院一景。

透明黄色镀金刻面玻璃画珐琅花卉纹瓶

波西米亚摩瑟（Moser）玻璃工厂
19 世纪 80 年代
高 22.5、口径 12.5、底径 8 厘米

辉煌华丽的镀金装饰，绚丽繁复的釉彩绘画和车刻工艺阐释着19世纪波西米亚玻璃的精髓。在透明黄色玻璃表面进行镀金和黄色系釉彩装饰不得不说是一种大胆的尝试，无论是从内部或外面观看，釉彩装饰华丽的同时却不感突兀。该器是当时波西米亚地区针对中东市场而特别设计制作的。

透明镀金玻璃画珐琅花卉纹酒器

欧洲

19 世纪晚期

高 25、口径 6、底径 7.7 厘米

该玻璃器集镀金、描金和画珐琅等多种工艺为一体，通体富丽精美，更为精巧之处在于将平整的底部进行刻面，利用玻璃材料的光学特征呈现万花筒般炫幻奇妙的视觉效果。

仿陶瓷描金玻璃画珐琅花卉纹瓶（一对）

美国杜兰德 & 金博（Durand & Kimball）玻璃工厂
20 世纪早期
左：高 20、口径 6.5、底径 6 厘米
右：高 20、口径 6.5、底径 5 厘米
底部写有“DK”字样

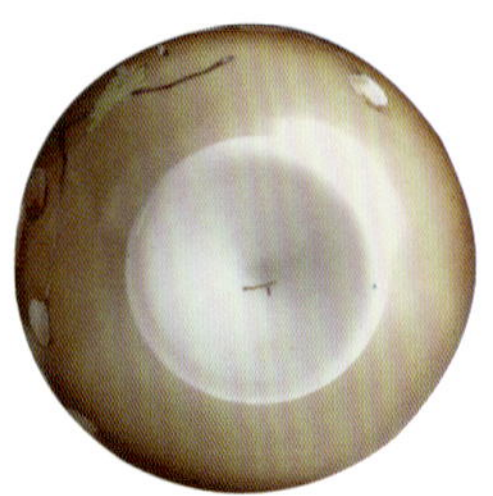

中国的陶瓷自15世纪开始源源不断地流向欧洲，18世纪中国陶瓷在欧洲受到普遍重视，带有釉彩装饰的仿中国陶瓷白色不透明玻璃器在欧洲各地极度流行。20世纪早期美国玻璃工业同样受到了这一风格的影响，将乳白色玻璃瓶身涂刷深褐色釉彩，作为背景映衬描金植物花卉。

描金玻璃画珐琅花卉纹胆瓶

美国杜兰德 & 金博（Durand & Kimball）玻璃工厂
20 世纪早期
高 31.5、口径 3.7、底径 8.5、腹径 12 厘米
底部写有“DK”字样。

仿陶瓷镀金玻璃花卉纹瓶

英国托马斯·韦伯父子（Thomas Webb & Sons）玻璃公司

19 世纪 80 年代

高 29.5、宽 22.5、口径 9.2、底径 10 厘米

镀金玻璃画珐琅麻雀图花口瓶（一对）

波西米亚

19 世纪末 20 世纪初

左：高 22.2、口径 8、底径 5.8 厘米

右：高 22.7、口径 8.2、底径 6 厘米

镀金玻璃画珐琅花卉纹瓶（一对）

美国华盛顿山（Mount Washington）玻璃公司
19 世纪 90 年代
高 30.2、口径 5.5、底径 9 厘米

不透明咖啡色镀金玻璃
画珐琅花卉纹瓶

波西米亚

19 世纪末 20 世纪初

高 23.7、口径 7.7、底径 7.4 厘米

仿陶瓷镀金玻璃画珐琅花卉纹瓶

欧洲

20 世纪早期

高 30.5、口径 9.5、底径 9.5 厘米

透明紫色镀金玻璃
画珐琅朵花纹瓶

波西米亚

19 世纪末 20 世纪初

高 20.2、口径 5.6、底径 6.2 厘米

透明绿色描金玻璃
画珐琅卷草纹瓶

波西米亚
19 世纪末 20 世纪初
高 28、口径 14、底径 8.5 厘米

淡绿色镀金玻璃画珐琅
西洋卷草纹瓶（一对）

波西米亚
19 世纪 80 年代
高 38.1、口径 6.3、底径 10 厘米

透明绿色描金玻璃
画珐琅洋菊纹瓶

波西米亚

19 世纪末 20 世纪初

高 26.3、口径 8.5、底径 7.8 厘米

透明绿色描金玻璃
画珐琅菊花纹瓶

波西米亚
19 世纪末 20 世纪初
高 29.5、口径 8、底径 9 厘米

透明描金玻璃画珐琅花卉纹瓶

波西米亚

19 世纪末 20 世纪初

高 30、口径 8、底径 12 厘米

透明描金玻璃画珐琅罂粟纹瓶

波西米亚

19 世纪末 20 世纪初

高 21.5、口径 7.2、底径 7.5 厘米

透明紫色描金玻璃画珐琅洋菊纹瓶

波西米亚

19 世纪末 20 世纪初

高 32、口径 4.5、底径 14 厘米

透明淡绿色描金玻璃画珐琅花卉纹瓶（一对）

波西米亚

19 世纪末 20 世纪初

左：高 26.5、口径 9.4、底径 10.5 厘米

右：高 26、口径 9.6、底径 10 厘米

半透明粉色镀金玻璃画珐琅几何花叶纹瓶

欧洲

20 世纪

高 33、口径 12.5、底径 12 厘米

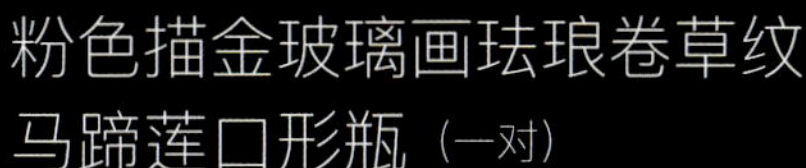

粉色描金玻璃画珐琅卷草纹马蹄莲口形瓶（一对）

波西米亚

20 世纪早期

高 40、口径 14、底径 7.7 厘米

半透明镀金玻璃
画珐琅花卉纹瓶

波西米亚

19 世纪末 20 世纪初

高 18.3、口径 6.7、底径 6.1 厘米

半透明描金玻璃画珐琅花卉纹瓶

英国布里斯托（Bristol）

19 世纪末 20 世纪初

高 17.7、口径 6.8、底径 6 厘米

镀金玻璃画珐琅玫瑰纹瓶（一对）

英国
19 世纪末 20 世纪初
左：高 13、口径 5.3、底径 8.2 厘米
右：高 13.4、口径 5.5、底径 8.1 厘米

描金不透明蓝色玻璃画珐琅花卉纹瓶（一对）

波西米亚
19 世纪末 20 世纪初
左：高 26、口径 4.7、底径 8.3 厘米
右：高 25.4、口径 5.5、底径 9 厘米

三色海棠花形口镀金玻璃画珐琅花卉纹杯（四件）

波西米亚摩瑟（Moser）玻璃工厂 *

19 世纪 80 年代

蓝色杯：高 9、口径 6、底径 4 厘米

黄、红色杯：高 9、口径 5.7、底径 4 厘米

其中蓝色杯底印有“Moser，Austrian”字样

* 波西米亚摩瑟（Moser）玻璃工厂以玻璃画珐琅工艺著称。尤其是描绘橡树叶，并用突起的模具成型的小“橡子”装饰玻璃器物表面，这些集合了镀金珐琅工艺的器物精美华丽，颜色绚丽多彩。

透明天蓝色镀金玻璃画珐琅花卉纹碗碟

波西米亚摩瑟（Moser）玻璃工厂

19 世纪 80 年代

碗：高 6.4、口径 10.5、底径 6.9 厘米

碟：高 1.8、口径 14.5、底径 8 厘米

透明琥珀色镀金玻璃
画珐琅花卉纹水杯（三件）

美国

19 世纪末 20 世纪初

高 9.2、口径 6.5、底径 6 厘米

镀金玻璃画珐琅
菊花纹杯碟及酒杯

美国

19 世纪末 20 世纪初

碟：高 2.5、长 16、宽 12.2 厘米

杯：高 10、口径 6.7、底径 5.6 厘米

酒杯：高 10.9、口径 6.8、底径 6.8 厘米

透明天蓝色镀金多棱玻璃画珐琅花叶纹鱼缸

波西米亚

19 世纪末 20 世纪初

高 14、口径 18.5、底径 16 厘米

透明淡绿色镀金玻璃画珐琅菊花纹套具

美国

19 世纪末 20 世纪初

盖罐：高 14、底径 7.3 厘米

盖盘：高 13.5、底径 7.5 厘米

杯 1：高 9.3、底径 6.5 厘米

杯 2：高 10、底径 6.5 厘米

镀金玻璃画珐琅
团花纹手帕形盘

波西米亚
19 世纪末 20 世纪初
高 12、口径 28.2、底径 14.5 厘米

镀金玻璃画珐琅花卉纹杯(一对)

欧洲
20 世纪早期
高 25.7、口径 4.5、底径 8 厘米

白套粉镀金玻璃画珐琅花卉纹烛台

波西米亚
19 世纪 80 年代
高 31.3、口径 14、底径 13 厘米

粉红镀金玻璃画珐琅花卉纹台灯

波西米亚
19 世纪 80 年代
高 73.5、宽 37.5、底 20.5 厘米

透明钴蓝色镀金玻璃画珐琅花卉纹花插

波西米亚

19 世纪末 20 世纪初

高 36、上层口径 14.5、下层口径 25、底径 13 厘米

彩焕璇杓

套料车刻玻璃

套料工艺指的是吹制玻璃器物的过程中，在一层颜色玻璃上套取另一层颜色玻璃，层叠后塑造的一种热成型方法，最早可以追溯到罗马帝国时期的波特兰花瓶。

车刻指的是使用车轮雕刻机，利用砣玉的方法对玻璃表面进行研磨，产生切面或图案的一种冷加工工艺，是伴随着罗马帝国时期的吹制玻璃工艺发展而来。17 世纪开始，欧洲尤其是波西米亚地区成为了复兴车刻工艺的摇篮，该工艺一直流行于 18、19 世纪。套料车刻玻璃也是中国清代玻璃艺术的代表。

红宝石色刻面玻璃瓶（一对）

波西米亚

19 世纪晚期

高 31.2、口径 14.5、底径 14.5 厘米

最早关于红宝石玻璃制作方法的记载出现于1612年意大利传教士安东尼奥·奈里（Antonio Neri）出版的关于玻璃制作的书籍中。1679年，德国人约翰·昆克尔（Johann Kunckel）根据奈里书中的信息使用了少量的金子进行着色，成功研发了红宝石玻璃，之后红宝石玻璃便在欧洲盛行。中国清代造办处玻璃厂的红宝石玻璃配方同样来源于欧洲，由传教士带入宫廷，以车刻的方式加工红宝石色玻璃，同时也揭示了人们将玻璃视作一种模仿宝石材料的认知。

透明套紫车刻镀金玻璃高脚杯（三件）

波西米亚摩瑟（Moser）玻璃工厂
19 世纪 80 年代
小杯：高 11、口径 3.7、底径 4.5 厘米
大杯：高 18.5、口径 7、底径 6.5 厘米

波西米亚玻璃一向以车刻工艺闻名于世，19世纪始在透明玻璃表面套色并进行车刻，一时颇为流行。这种工艺可在颜色玻璃与透明玻璃之间形成强烈对比，再装饰镀金和描金图案，以表达欧洲玻璃富丽华贵的风格。

透明套紫色镀金玻璃画珐琅朵花纹高脚杯（一对）

波西米亚
19 世纪末 20 世纪初
高 21.5、口径 7.2、底径 7.5 厘米

琪花吐艳

特殊工艺玻璃

集合、借鉴、挪用不同历史时期的造型、装饰和工艺技术是19世纪后期玻璃制作最突出的特点，除了在器物表面进行车刻、镀金、描金或釉彩装饰之外，还出现了一些较特殊的创新技法：在釉彩的基础上结合微珠玻璃烧制而成的凸花装饰（Coralene）技法；将中世纪教堂彩色玻璃中的银着色技术应用在玻璃器物表面产生特殊颜色效果；利用铜板雕刻或腐蚀，以及水印木刻技术转印在玻璃表面获得图案。正是这些创新的技法造就了维多利亚时期玻璃器无比繁复的风格特点。

粉套白玻璃画珐琅花卉纹荷叶口形瓶（一对）

英国史蒂文斯 & 威廉姆斯（Stevens & Williams）玻璃公司*
19 世纪 80 年代
高 25、口径 12.5、底径 9 厘米

* 史蒂文斯 & 威廉姆斯玻璃公司在 1776 年成立于英国斯陶尔布里奇地区

将玻璃微珠和画珐琅工艺结合进行烧制的特殊工艺使原本二维的图案显得立体生动，像是清晨植物表面闪动着的露珠，在光线照射下熠熠生辉。在珐琅表面添加玻璃微珠颗粒一同烧制形成肌理的方法称之为凸花装饰（Coralene，意为 coral like，像珊瑚一样崎岖不平的装饰），流行于维多利亚时期的欧洲。这两件是英国的史蒂文斯 & 威廉姆斯玻璃公司制作的典型器物。

透明琥珀色玻璃
画珐琅花卉纹瓶

波西米亚

19 世纪 80 年代

高 21.5、口径 9.6、底径 7.3 厘米

白套粉玻璃
凸起花卉纹瓶（一对）

英国史蒂文斯 & 威廉姆斯（Stevens & Williams）玻璃公司

19 世纪 90 年代

左：高 27.5、口径 11.5、底径 7.7 厘米

右：高 27.5、口径 11.2、底径 7.8 厘米

透明琥珀色描金玻璃画珐琅银着色花卉纹瓶

欧洲

19 世纪

高 22.5、口径 6.2、底径 6 厘米

洒金千花玻璃团花纹瓶

意大利穆拉诺

20 世纪

高 40、口径 16、底径 12 厘米

底部有“茱蒂·米尔顿”（Judy Milton）字样

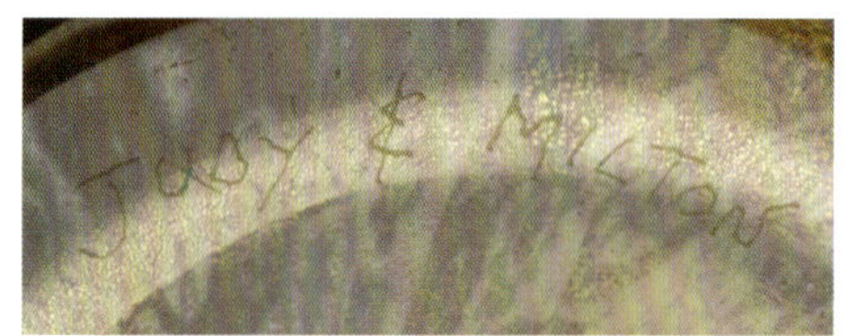

银着色（Silver Staining）

是一种用银化合物（尤其是硝酸银）作用在玻璃表面，烧制后呈现黄色、棕黄色、橙色、琥珀色等颜色工艺，颜色的变化主要由加热和冷却的方式决定。14 世纪时该技术才初露端倪，通常在欧洲瑰丽的教堂彩色镶嵌玻璃手绘的人物形象中可以找到银着色的痕迹。该器物中，釉彩描金的花卉配合着银着色的背景，仿佛诉说着金色阳光普照大地的美好。

千花工艺（Millefiori）

千花工艺可以追溯到公元前 1 世纪亚历山大玻璃制作中心利用棒状玻璃切片排列，完成复杂内部图案的马赛克千花玻璃碗，千花工艺是罗马帝国时期玻璃制作的亮点，同时也是奢华玻璃的代名词，该技术一直沿用至今，千花玻璃因其艳丽绚烂的色彩和华丽复杂的图案好似万千花卉而得名。首先需要制作类似花卉图案的小片玻璃部件，随后可以通过融合软化的方式成型，吹制工艺发明之后，玻璃工匠们在吹制玻璃的过程中将千花小部件与液体玻璃团一起吹制成器型。

仿陶瓷镀金玻璃珐琅风景图套杯（六件、正反面）

欧洲

19 世纪末 20 世纪初

高 10.2、口径 6.5、底径 5.5 厘米

仿陶瓷玻璃珐琅天使图瓶（一对）

英国布里斯托（Bristol）

19 世纪后半叶

左：高 30.5、口径 14.5、底径 14.5 厘米

右：高 30.5、口径 14.3、底径 14.3 厘米

仿陶瓷玻璃珐琅彩少女图瓶（一对）

英国

19 世纪后半叶

高 25、口径 6.7、底径 8.6 厘米

仿陶瓷镀金玻璃转移印花珐琅彩人物风景图台灯（一对）

中欧

19 世纪末 20 世纪初

高 63.5、宽 12、底径 12 厘米

16 世纪之前威尼斯出现了用于模仿中国陶瓷的白色不透明玻璃器，并在玻璃器表面进行釉彩绘画（玻璃画珐琅），18 世纪左右波西米亚地区也出现了白色不透明玻璃，仿制中国陶瓷成为当时欧洲制作白色不透明玻璃的主流。进入 19 世纪，这样的风尚依然盛行，尤其是转印技术的发展和低温釉彩的出现，使得在白色玻璃器上印图案变得更为快捷有效。

“折中主义”
——19 世纪中后期的欧洲玻璃艺术

薛 吕

19 世纪无疑是玻璃艺术史上手工艺制作和工业化生产并存的重要时期，欧洲的英国、德国、法国和波西米亚地区以及后来美国的玻璃制作都达到了相当高的水平，风格呈现无比多样，流行着追赶时尚潮流的风尚，这时期玻璃制作的特点是对不同历史时期造型、装饰图案和技术的大胆挪用与借鉴[1]，即“折中主义”。欧文・琼斯（Owen Jones）的《装饰语法》一书，以及在新博物馆中公开展示历史遗物是人们吸收技术和形式的典型途径，而当时的产品通常没有很实用的功能，更多是具有装饰特征的奇特组合，排除其功能性，仅作为装饰展示而已。

有一些原因促使了 19 世纪欧洲玻璃工业的繁荣，首先，人们对玻璃材料的成分和制作技术有了更为科学的认识，科技赐予设计师新的控制力和重复性，使玻璃材料类型有了更加多变的可能，从而带来了工业化生产技术革新和工艺方面的拓展，不受约束地探索着玻璃材料的浓烈华美，促使新颜色和装饰手法不断出现。其次，人们对于日用玻璃器具，尤其是餐桌实用器具需求的急剧增加，促使了玻璃工业的迅速发展。1820 年后欧洲的玻璃制作从小型的作坊生产逐步迈入大型工厂，并由荷兰、法国很快蔓延至斯堪的纳维亚地区、俄国和整个欧洲地区。以 19 世纪中期的英国为例，1845 年英国原有的税收制度调整，给予玻璃制作更多研发新技术和建立新生产线的空间，产生的直接影响就是颜色玻璃的迅速发展，以及一系列装饰效果的出现，釉彩、车刻等工艺成了奢华玻璃器的标志；而从使用功能而言，英国当时的玻璃器具可以细分为烈酒套杯、葡萄酒套杯、香槟套杯、醒酒器、洗指碗、水瓶、平底无脚酒杯等，这些器物或是根据维多利亚时期社交需求而产生的新形式，或是来源于传统。

另一个值得注意的现象是：从 19 世纪开始，为了进行商业化的市场营销，玻璃制作工厂开始利用印刷技术出版贸易图册，宣传所生产的产品。开创先河的是法国著名玻璃品牌巴卡拉（Baccarat），而英国托马斯・韦伯（Thomas Webb）工厂保留下来的产品纹样书目中包含了 1840 年到 1900 年生产的两万五千种产品，成为后人研究 19 世纪欧洲玻璃发展史的重要资料。

制作工艺方面，虽然仍然以手工吹制为主，但由于机械化生产方式的介入和劳动力成本并不高昂的原因，欧洲的玻璃工厂试图通过不断变化产品类型来满足人们追求奢华颜色造型和肌理的时尚需求。而在冷加工方面，许多19世纪后期的玻璃器采用车刻或是釉彩工艺进行装饰，而且产品往往融合多种装饰方法以达到丰富绚烂的视觉效果，即在完成造型吹制后再进行冷加工车刻或是釉彩绘画，集多种手法为一体。

一、英国

19 世纪 60 至 90 年代，由于特殊的社会经济条件，玻璃工业在英国呈现无比繁荣的景象，被称为黄金时期，引领了世界玻璃制作的新潮。玻璃工业始终围绕着英国主要的港口城市和交通枢纽进行，布里斯托放弃了生产奢侈器物的传统，转向集中生产玻璃瓶，纽卡斯尔回归原来专门制作窗玻璃和玻璃瓶的传统，而伦敦的玻璃制作更明确地指向高端和奢侈品市场。到了 19 世纪 70 年代，斯陶尔布里奇（Stourbridge）地区无疑已经成为英国生产高质量日用奢侈品玻璃器具的中心，比如，在 1889 年托马斯 · 韦伯父子（Thomas Webb & Sons）玻璃公司提倡制作“具有艺术性的雕塑玻璃”（Works of Art in Sculptured Glass）的口号[2]。因此 19 世纪后期这一地区针对高端人群生产的奢侈风玻璃器物往往被称为“艺术玻璃”（Art Glass），当然这一概念和我们当代的玻璃艺术有所不同。“艺术玻璃”具有大量的装饰意味，这与后来的工艺美术运动崇尚材料本身特质的理念相对立。

1870—1890 年，英国的日用玻璃相继出现很多新的形式，虽然仍以吹制玻璃为主要成型方式，但在以下三方面有了更多突破：

（1）在吹制主体造型上添加装饰：尤其适合维多利亚后期的审美品位，适合各阶层的市场，装饰华丽，复杂时髦，因此经常使用“时髦奇异的玻璃”（Fancy Glass）一词形容这样的玻璃。比如：在 1880 到 1890 年间，大量的红宝石玻璃器的边缘、主体部分和足部都会额外装饰各种透明或有色玻璃部件，并经常使用扇贝形模具吹制主体造型。斯陶尔布里奇地区的托马斯 · 韦伯父子玻璃公司、史蒂文斯 & 威廉姆斯玻璃公司以及理查德森（Richardson）玻璃工厂等就是非常典型的代表。19 世纪 80 年代史蒂文斯 & 威廉姆斯玻璃公司的产品器物边缘经常卷曲，器物表面用酸腐蚀的方法使玻璃表面呈现类似绸缎的触感，当然这些突破都是建立在工业革命机械化生产方式和手工艺制作相结合的基础上的。

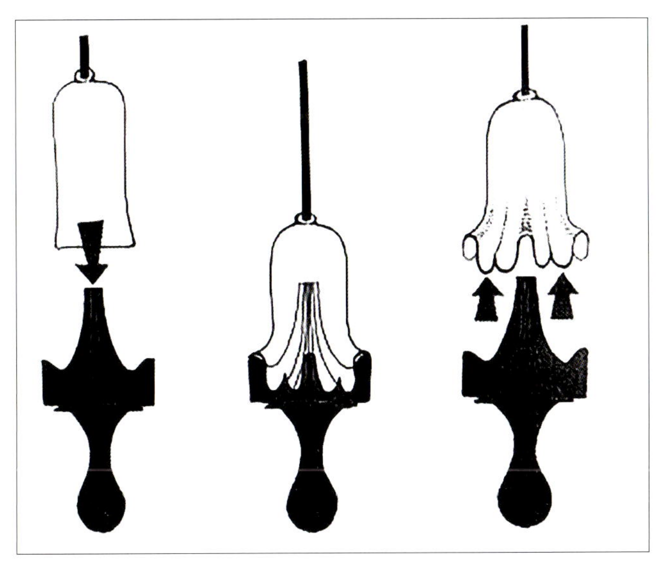

使用手动的 boliver 装置，吹制具有波纹造型的边缘

白套粉玻璃凸起花卉纹对瓶

英国史蒂文斯 & 威廉姆斯玻璃公司，19 世纪 90 年代

“女王的缅甸”(Queen's Burmese)玻璃组
19 世纪克里斯蒂安 · 麦孔拍卖行(Christian McCann Auctions)

(2)颜色效果：主要依赖在制作玻璃的原材料中添加金属氧化物得到新颖的颜色，比如，1886 年开始，斯陶尔布里奇地区的托马斯 · 韦伯父子玻璃公司被授权生产一种名为“女王的缅甸”(Queen's Burmese)的渐变色玻璃，深受维多利亚女王的喜爱。这是一种以铀和金进行着色的不透明颜色玻璃品种，这种不透明的黄色玻璃再次加热时会渐渐变化成粉红色，形成颜色渐变，焕发着浪漫迷人的情怀，另外该公司还在 1878 年的巴黎世博会上展出了新玻璃品种——具有彩虹色的深绿色“青铜玻璃”。

(3)玻璃内部效果和表面装饰：是以传统玻璃制作技术为基础，融合维多利亚时期审美原则进行的设计。比如：19 世纪 80 年代中期史蒂文斯 & 威廉姆斯玻璃公司利用格状模具研发的“钻石型气穴技术”(Diamond Air-trap Technique)，并在最后的产品表面使用酸腐蚀技术形成绸缎状效果。另外，19 世纪 80 年代末至 90 年代，由于法国手工艺师朱尔思 · 巴布(Jules Barbe)和奥斯卡 · 皮埃尔 · 坎哈德(Oscar Pierre Erard)的介入，釉彩装饰工艺也在英国的玻璃工业中得到复苏，主要以史蒂文斯 & 威廉姆斯为代表，制作非常精致细腻的花卉装饰玻璃器。

除了以上的这些突破之外，套料雕刻玻璃 (Cased & Cameo Glass) 是 19 世纪末英国玻璃工业的又一特色和贡献。1873 年，约翰 · 诺思伍德(John Northwood)开始着手进行罗马“波特兰花瓶”的复制委托项目，通过 3 年时间终于艰难地完成了两层颜色的套料以及后期雕刻纹样的实施。然而由于套料雕刻玻璃器的制作难度大，且耗时耗力，直到 19 世纪 80 年代，英国斯陶尔布里奇地区的托马斯 · 韦伯父子玻璃公司和史蒂文斯 & 威廉姆斯玻璃公司才找到了使用酸腐蚀的方法代替人工车刻，以节省劳动力成本，改良生产中的制作环节。因此，套料雕刻玻璃器一举获得了商业上的成功，以至于欧洲地区争相模仿。

二、以波西米亚为代表的欧洲大陆

最早关于波西米亚地区的玻璃制作的考古发现可以追溯到 1250 年左右北部的卢萨蒂亚山脉(Lusatian

宝石玻璃（Lithyalin）带盖玻璃瓶
波西米亚弗里德里克·埃格曼（Friedrich Egermann），1830—1840 年
英国维多利亚和阿尔伯特博物馆藏 782&A—1907

红宝石套白车刻玻璃画珐琅烛台和高脚碗
波西米亚地区，19 世纪 80 年代

白套粉镀金玻璃画珐琅花卉纹烛台
波西米亚地区，19 世纪 80 年代

仿陶瓷镀金玻璃葡萄纹烛台
欧洲，19 世纪 90 年代

仿陶瓷镀金玻璃转移印花珐琅彩人物风景图台灯
19 世纪末 20 世纪初

Mountains），从 16 世纪开始波西米亚地区的玻璃制作崭露头角，1685—1750 年，该地区出产的巴洛克装饰玻璃，尤其是透明车刻玻璃器，已享有国际盛誉，是当时贵族富有阶级争相追捧的珍品。19 世纪同样也是波西米亚地区玻璃制作的繁荣时期，许多颜色玻璃品种诞生，比如 1829 年，著名的玻璃制作者弗里德里克·埃格曼（Friedrich Egermann）成功研发了一种名为“宝石玻璃”（Lithyalin，源于希腊语，意为石头）的玻璃品种，这是一种具有花纹仿石材的不透明新玻璃品种，有红色、绿色和蓝色，并获得了专利，这种玻璃后来也成了中国博山地区制作鸡肝石玻璃的灵感源泉。

19 世纪 40 年代开始，波西米亚地区生产的玻璃器从无色透明逐渐转变为颜色套料和车刻工艺相结合，最典型的例子就是用于桌面装饰的玻璃器，人们十分钟爱粉色、红宝石等颜色与乳白色搭配产生对比，完成造型后往往还会在器物表面进行车刻，同时绘制花卉纹样的釉彩并配合着镀金工艺形成富丽华美的效果，另外还会在器物周身悬吊具有光学效果的仿水晶玻璃挂坠，在淡淡阳光的照射下，不仅折射着玻璃的绚烂色彩，而且配合着光线在桌面上轻轻摇曳，充分发挥着颜色玻璃和光学玻璃两者所具有的不同品质。

除了秉承悠久的玻璃制作传统之外，欧洲的玻璃工艺同样受到了中国陶瓷等艺术形式的影响。中国的陶瓷自 15 世纪开始就不断流向欧洲地区，在 1575—1587 年，意大利的佛罗伦萨就曾经企图复制中国的陶瓷，16 世纪之前威尼斯就已经出现了用于模仿中国陶瓷的白色不透明玻璃器[3]，约 18 世纪初波西米亚地区也出现了白色不透明玻璃，仿制中国陶瓷成了当时欧洲制作白色不透明玻璃的主流。18 世纪随着中国陶瓷在欧洲受到普遍尊重，带有釉彩装饰的仿中国陶瓷白色不透明玻璃器在威尼斯极其流行。进入 19 世纪，欧洲地区继续发挥着乳白色玻璃品种的魅力，但在一些国家开始发生变化，比如，法国就不再延续之前为了模仿陶瓷而将乳白色玻璃表现得非常厚重，革新性地添加骨灰使乳白色玻璃变得似透非透，在光线下略带火红色。具有釉彩装饰的乳白色玻璃不仅仅限于食用器皿，还施用于具有新古典主义风格的花瓶、首饰盒、香水瓶以及灯具柱子等器类。

在波西米亚地区，大规模生产釉彩镀金装饰的颜色玻璃（单色、双层套色），进行世界范围内的出口贸易逐渐成为 19 世纪下半叶这一地区玻璃制作的重心。路德维希 · 摩瑟父子（Ludwig Moser & Söhne）[4]，哈拉赫伯爵（Count Harrach）[5]，弗里茨 · 海克特可（Fritz Heckert），J & L 洛布迈尔（J & L Lobmeyr），约西菲内胡特（Josephinehutte），埃格曼（Egermann），戈德堡（Goldberg），穆尔豪斯（Muhlhaus）等都是波西米亚地区当时较为知名的玻璃工厂。

釉彩工艺，又称玻璃画珐琅，是一种有着悠久历史的、在玻璃器物表面进行图案绘画装饰的技法，最早可以追溯到罗马帝国时期，中世纪时成了欧洲地区玻璃实践中最重要的技法之一。釉彩装饰的玻璃器不仅表面平整，图案坚固、持久、不褪色，化学成分稳定，易清理，而且具有瑰丽浓烈、富贵华丽的艺术效果，因此非常符合 19 世纪人们追求奢华装饰的风尚。

波西米亚地区摩瑟（Moser）玻璃品牌在 19 世纪后期使用镀金、釉彩、套料雕刻等工艺生产的各种装饰玻璃器具

透明黄色镀金刻面玻璃画珐琅花卉纹瓶
波西米亚摩瑟（Moser），19 世纪 80 年代

透明绿色描金玻璃画珐琅菊花纹瓶
波西米亚，1890—1900 年

釉彩可以通过两种方式得到：将颜色玻璃研磨成粉末状或者将无色透明的玻璃粉末混合金属氧化物烧制后得到颜色。实施釉彩的方法可以分为手绘或印刷两种不同的方式将图案绘制到玻璃器表面，随后通过高温烧制使釉彩融合在玻璃表面。早期的釉彩工艺通常都是用手绘的方式描绘图案，而在玻璃器物上转印图案并进行烧制的专利出现于 1781 年的英国，之后利用铜板雕刻或腐蚀，以及水印木刻技术在玻璃表面转印图案的方法不断得到发展，19 世纪相关专利不断出现，比如 1805 年，英国人塞缪尔 · 安斯（Samuel Annes）改良了用于转印烧制的釉彩[6]，即可以在较低的温度下烧制釉彩而不使玻璃器整体变形。19 世纪中叶，英国的理查德森（Richardson）甚至将手绘和转印图案两种方法结合在一起在玻璃器表面实施釉彩图案[7]，既能实现较大规模生产的可能，同时又保留了手工表达的艺术性和精致感。

毫无疑问，控制温度是釉彩工艺的核心和难点，如果温度过低，釉彩颜色无法在玻璃表面完全呈色，而温度过高则会导致玻璃器物整体造型坍塌。正是由于这些工艺上的难点，早期的釉彩玻璃器特别珍贵稀有，而进入 19 世纪，由于科学技术的发展，推动了釉彩工艺在玻璃装饰上的复兴，这种装饰技法尤其适合表现波西米亚自由、浪漫、民俗的装饰风格。

19 世纪欧洲经济文化的发达无疑为该地区的玻璃制作提供了天时、地利、人和的优越条件，而欧洲国家玻璃制作工艺和风格间的相互影响同样又为世界的玻璃发展，尤其是 20 世纪初的新艺术玻璃注入了特殊的动力，时尚、多元、奢华……也许这些词语都无法精确地阐释 19 世纪欧洲玻璃所蕴含的历史精髓。

注释：

[1] 从古代到文艺复兴时期，从哥特式风格到巴洛克和洛可可风格。

[2] Battie D, Cottle S, 1997. *Sotheby's concise Encyclopedia of glass*. London: Conran Octopus Limited, p.120.

[3] Harden D, Painter K, Tait H, 1968. *Masterpieces of glass*, London: the Trustees of the British Museum, p.133.

[4] 成立于 1857 年，原本是一个车刻和抛光的作坊，后开始自主设计研发，20 世纪时成了著名玻璃品牌。

[5] 1712 年成立于波西米亚北部的 Harrachov 镇。

[6] Petrie K, 2006. Glass and Print. London: A&C Black, p.14-17.

[7] Battie D, Cottle S, 1997. Sotheby's Concise Encyclopedia of Glass. London: Conran Octpus Limited, p.112.

参考文献：

Battie D, Cottle S, 1997. *Sotheby's Concise Encyclopedia of Glass*. London: Conran Octpus Limited.

Brigitte K, 1987. *European glass from 1500-1800: the Ernesto Wolf Collection*. Vienna:Kremayr & Scheriau.

Corning Glass Center, 1958. *Glass from the Corning Museum of Glass: a guide to the collections*. New York: Corning Glass Center.

Charleston R J, 1980. *Masterpieces of Glass*. New York: Harry N. Abrams, INC., Publishers.

Liefkes R,1997. *Glass*. London: Victoria and Albert Museum.

Newman H, 1987. *An Illustrated Dictionary of Glass*. London: Thames & Hudson.

Petrie K, 2006. *Glass and Print*. London: A&C Black.

Phillips P ed., 1987. *The Encyclopedia of Glass*. London: Spring.

Petrová S & Olivié J (eds.) , 1990. *Bohemian Glass* (L. Hochroth, trans). Paris: Flammarion.

Tait H ed., 1999. *Five Thousand Years of Glass*. London: British Museum Press.

玻璃胎画珐琅的珐琅分类与烧制方法[1]

威廉·古登拉斯　著　赵晓月　编译

最早的玻璃胎画珐琅出现在公元前1425年左右[2]。它成功地融合了人类对绘画的渴望与古代社会发达的玻璃制作工艺。时至今日，无论是机器生产的玻璃制品，还是艺术家制作的玻璃艺术品，玻璃胎画珐琅的美丽踪影依然随处可见。

制作玻璃胎画珐琅中的珐琅装饰，就是将包含彩色玻璃（或彩色玻璃与着色剂混合物）微粒的液体，绘制在冷却的玻璃胎表面，再通过烧制使其永久地固定于玻璃胎表面的过程。

由于此前已有多位学者对珐琅与玻璃的化学成分进行过分析研究，并将相关数据发表[3]，因此相关内容本文不再赘述。本文将从珐琅的分类（包括珐琅的装饰过程与珐琅的物理结构）以及珐琅的烧制过程出发，辅以相关化学成分说明进行介绍，相信通过本文，读者将会对珐琅在玻璃胎画珐琅中的应用有一个更加全面完整的了解与认识。

一、预熔珐琅与冷珐琅

基于珐琅上色的方式与时间，可将珐琅分为预熔珐琅与冷珐琅两种。

1. 预熔珐琅（Premelted Enamel）

预熔珐琅由彩色玻璃微粒和液体介质构成，并在坩埚中完成着色。在烧制过程中，工匠需要对预熔珐琅进行精心调制，以确保其颜色均匀一致，并与玻璃胎完全相容。这里提到的相容，是指在珐琅烧制完成后，待玻璃胎冷却时，珐琅须与玻璃胎以同等比例冷却缩小，这样才能避免开裂。目前，几乎所有商业用途的玻璃胎画珐琅皆使用预熔珐琅。

2. 冷珐琅（Cold-Mixed Enamel）

将基本无色的玻璃（通常与玻璃胎为同一种材质）微粒与金属氧化物（如蓝色钴氧化物）或有色矿物（如赤铁矿）等着色剂相互混合，辅以液体介质，使之相互融合，这就形成了冷珐琅。冷珐琅是在烧制过程中完成着色的。其中，如在无色玻璃中加入金属氧化物，则无色玻璃与着色剂之间发生化学反应，从而使无色玻璃变色；如加入有色矿物微粒，那么无色玻璃也会呈现出整体改变颜色的效果。在烧制过程中，珐琅釉与玻璃胎充分相融，并形成了永久的装饰效果。

预熔珐琅与冷珐琅的着色过程是完全不同的。冷珐琅是在烧制过程中完成着色的，而预熔珐琅则在烧制过程之前就已在坩埚中完成了化学反应，并提前完成着色过程。在高倍放大镜下观察时可发现，这两种形式的珐琅区别非常明显。预熔珐琅成分已在坩埚中得到充分加热与融合，因此表现出了十分均匀的成色状态。而冷珐琅则是在无色玻璃熔液中均匀分布着无数的着色剂微粒，每一颗着色剂微粒周围都由无色玻璃包裹。在高倍放大镜下，我们能够看到着色剂与无色玻璃之间清晰的界线。

二、高火珐琅与低火珐琅

基于珐琅的烧制温度与玻璃胎的熔化温度，可将珐琅分为两类：高火珐琅与低火珐琅。

1. 高火珐琅（High-fire Enamels）

此类珐琅需经受长时间的高温加热，其温度之高、时间之长足以破坏玻璃胎结构。因此工匠须在烧制过程中对玻璃胎进行预防性保护措施。此类珐琅直至 19 世纪才开始用于玻璃装饰。

高火珐琅既可在炉中烧制，也可在窑[4]中烧制（即下述闪火法）。

2. 低火珐琅（Low-fire Enamels）

低火珐琅在窑中进行烧制，其温度远低于玻璃软化的温度。因此，即使需要进行长时间烧制，玻璃胎也不会受损或变软。

制作低火珐琅需要更加复杂的玻璃制作技能。如果说制作高火珐琅需要达到两个要求——颜色与相容性必须恰到好处，那么制作低火珐琅则需再添加一个要求——精确控制珐琅温度。由于技术要求高，在 19 世纪之前，低火珐琅的颜色较为有限，许多颜色因技术原因无法实现。

三、珐琅的烧制过程

基于设备种类与加热温度，珐琅的烧制过程可分为窑烧制与炉烧制。

1. 窑烧制 (Kiln Firing)

虽然低火珐琅与高火珐琅都可使用窑烧制，但相对于高火珐琅，低火珐琅采用窑烧制则更易于操作，并且此方法至今依然沿用。窑烧制也可具体细分为两种不同的方式，分别是低火法与闪火法。

低火法 (Low-fire Method)

低火法（图 1）是上述两种方法中最简单的一种。将饰有低火珐琅的玻璃胎置于窑中，缓慢加热至足以点燃珐琅的温度。由于低火珐琅的燃点温度低于玻璃的软化温度，因此

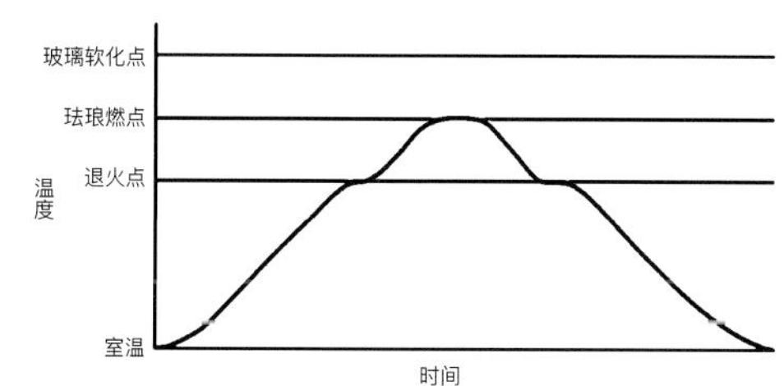

图 1　使用低火法过程在窑中烧制低火珐琅的温度–时间示意图

玻璃胎不会在加热过程中变软或受损。达到珐琅燃点后，对玻璃胎进行整体退火。达到退火点温度后再进行降温冷却，并逐渐恢复至室温即可。

闪火法 (Flash-firing Method)

闪火法（图 2）由来已久，一直应用于在顶燃式窑中烧制饰有高火珐琅的平板玻璃。然而，人们使用闪火法烧制玻璃胎画珐琅的历史却并不悠久，这是因为用闪火法烧制玻璃胎画珐琅不仅对窑的温控要求很高，同时也需要工匠具有丰富的工作经验与时刻警觉、全神贯注的工作态度。

在闪火法过程中，先将绘有高火珐琅的玻璃胎缓慢加热到玻璃的退火点温度之下。随后，再将温度快速提升至高火珐琅的燃点温度左右。烧制约一分钟后，工匠打开窑口，通过观察珐琅是否变成发光的亮橙色来判断烧制是否成功。如成功，则先急速降低窑内温度，再将窑口关闭，使温度稳定在玻璃退火点范围附近，最后再使温度逐渐降至室温。

使用闪火法是因为玻璃的导热系数相较于大部分金属来讲要差很多。当窑内温度突然上升至超过玻璃软化点后，虽然玻璃表面受热变软，但由于玻璃的导热性能不佳，因此玻璃胎整体并不会变形，依然可以保持原状。而当高火珐琅烧制完成后，玻璃胎虽然开始变软，然而此时窑口也已经打开，由于温度的立刻降低，玻璃胎表面再次变硬，这就保证了玻璃胎体不会变形。由于现代窑的高热力以及电脑操控的精确性，闪火法如今也与低火法一样被广泛应用到珐琅的烧制过程中。并且，闪火法还具有自己的独特优势，即相较于低火法中使用的低火珐琅，闪火法中使用的高火珐琅具有更高的耐受性，这为工业化生产，特别是回收玻璃的加工提供了更大的便利。

2. 炉烧制 (Furnace Firing)（图 3）

直至 19 世纪前，玻璃工匠们烧制玻璃胎画珐琅时，都需要借助一个长长的工具夹住玻璃胎，再将玻璃胎重新引入窑中烧制珐琅。烧制过程中，先在窑中将温度缓慢升高至略高于玻璃退火点（约 510℃）的温度。当绘有珐琅的玻璃胎变热后（但未达到能烧制珐琅的温度），工匠会借助工具将其从窑中取出[5]。下一步是将玻璃胎推入玻璃炉中进行再次烧制。此时，需时刻关注珐琅的颜色变化，当珐琅部分发出亮橙色光芒时，则证明高火珐琅已充分烧制。此时，工匠会先急速降低窑内温度，在达到退火点温度后，将玻璃胎从炉中取出，放回窑中进行冷却，直至玻璃胎恢复至室温即可。

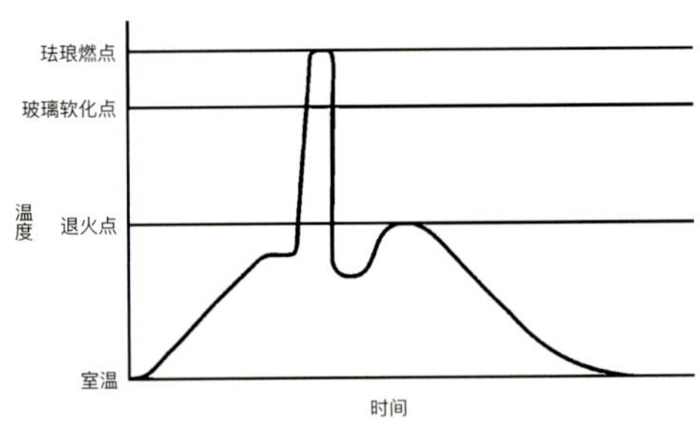

图 2　使用闪火法过程在窑中烧制高火珐琅的温度-时间示意图

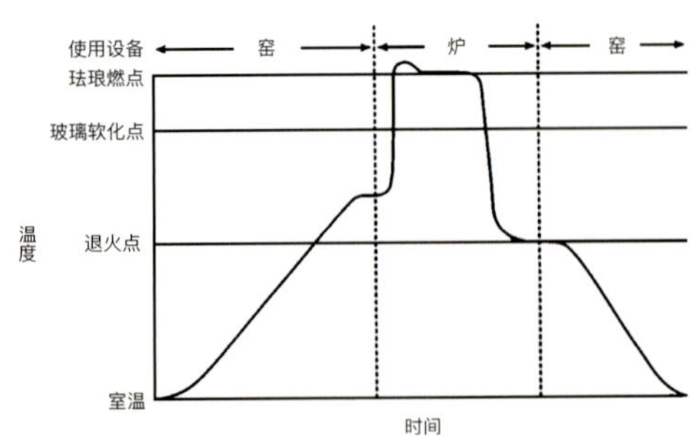

图 3　使用炉烧制过程烧制高火珐琅的温度-时间示意图

这里需要补充的是，在文艺复兴的威尼斯时期，当高火珐琅呈现出亮橙色后，工匠们会在这时将滚烫并已变软的玻璃胎从炉中取出，在快速转动玻璃胎的同时，通过在玻璃胎的不同位置扩张胎体，为其塑造出风格迥异的造型（图4）。这一过程大约会持续5—15秒。胎体造型完成后，待玻璃胎温度降至玻璃的退火点510℃后，再将玻璃胎置于窑中，使温度继续下降，直至恢复到室温。

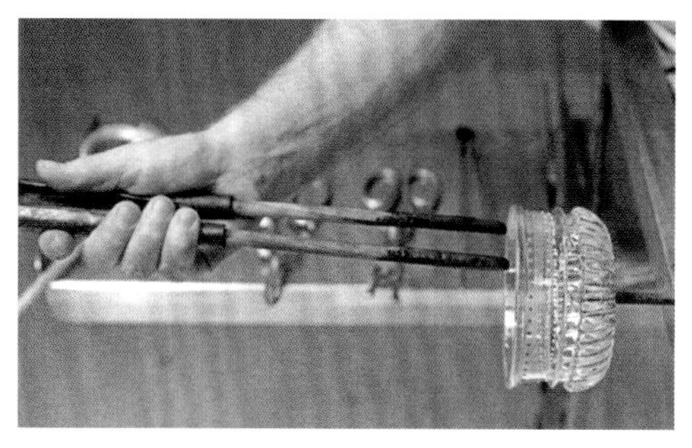

图4 文艺复兴时期玻璃胎的烧制

以上便是玻璃胎画珐琅中的珐琅分类与烧制过程概述。目前，一些从技术层面讲述玻璃发展史的文章，对玻璃胎画珐琅的制作流程有多种描述。部分观点认为，在烧制玻璃胎画珐琅的过程中，并不需要将温度升至使玻璃变软的程度，而是将温度保持在远低于玻璃软化点的水平即可。通过上文中的介绍，我们可以看出，这一观点是不够全面的。

注释：

[1] 本文根据威廉·古登拉斯《公元前1425年至1800年玻璃胎画珐琅的装饰过程》一文节选编译。

[2] R. J. 查理斯：《玻璃胎画珐琅与镀金玻璃器》，《玻璃界》1972年，第18—32页。但需要说明的是，学界对此观点尚存争论。

[3] 虽然近几十年来，这一研究领域一直相对活跃，但近期才开始大量涌现关于古代玻璃器的科学研究成果。例如，罗伯特·H. 布里尔、伊安·C. 福利司通、朱丽安·亨德森与马克·T. 威皮斯基等学者，就伊斯兰玻璃器中珐琅与玻璃的化学成分为主题发表相关学术论文。

[4] 本文中，“窑”中的温度最高不超过649℃。在实际操作中，窑与退火炉是没有区别的。而本文中的“玻璃炉”则特指用于制作玻璃或在生产过程中对一件物品进行重新加热的设备。通常，在玻璃加工过程中，炉的温度约为1149℃，而在玻璃制造过程中，炉的温度约为1232℃。

[5] 这里需要说明的是，不同的时间阶段，工匠使用的取出工具是不一样的。早期，在卷芯法制作过程中，工匠们使用金属棒固定并取出玻璃胎，或是在吹制过程中使用吹管。而中世纪后，则使用某一特定形态的铁棒专门固定玻璃胎。

参考文献：

琳达·科马霍夫：《颜色、贵金属与火：伊斯兰陶瓷与玻璃器》，《火的艺术》，洛杉矶：盖蒂出版社，2004年。

罗伯特·H. 布里尔：《一些关于伊斯兰玻璃化学成分与实用技术的思考》，《苏丹玻璃器》，纽约：大都会博物馆，2001年。

斯蒂法诺·卡博尼：《伊斯兰世界的玻璃》，纽约：泰晤士与赫德森出版社，2001年。

威廉·古登拉斯：《公元前1425年至1800年玻璃胎画珐琅的装饰过程》，《玻璃研究之旅》，纽约：康宁玻璃博物馆，2006年。

伊安·C. 福利司通、梅维斯·比姆森：《早期威尼斯玻璃胎画珐琅：技术与起源》，《艺术与建筑中的材料》（四），匹兹堡：材料研究学会，1995年。

伊安·C. 福利司通、科琳·P. 斯泰普敦：《13至14世纪伊斯兰玻璃胎画珐琅使用的成分与技术》，《来自中东的玻璃胎画珐琅与镀金玻璃器》，伦敦：不列颠博物馆，1998年。

朱丽安·亨德森：《马穆鲁克玻璃的技术分析》，《伊斯兰艺术博物馆藏马穆鲁克玻璃胎画珐琅与镶金玻璃器》，卡塔尔，2003年。

中国古代玻璃器考析

袁 伟

玻璃是最古老的人造材料之一，最早的玻璃约在公元前20世纪出现在两河流域，即美索不达米亚地区。中国原始玻璃出现在西周早期，约公元前11世纪前后，而真正的中国玻璃大约在公元前5世纪才诞生[1]。

关于中国玻璃起源的研究始于20世纪30年代，首先是在欧美考古、玻璃、化学等领域的专家之间展开的，他们所检验的资料主要是中国蜻蜓眼玻璃珠，得出的结论是：其中少数是钠钙玻璃，大多是铅钡玻璃。钠钙玻璃珠来自西方，而铅钡玻璃珠则是中国自产。

本文根据相关学者对中国出土的古代玻璃器原产地的研究成果，进行了归纳和分析，并分三个阶段进行阐述，以使人们对这些丝绸之路的遗珍，有更加清晰的了解和认识。

图1 西周玉组佩
山西曲沃晋侯墓出土

一、西周至汉代玻璃器

欧洲、埃及考古学家于距今5000年前的古埃及墓中，已发现了类似于我国西周玻璃的器物，他们称之为“Faience”，中文翻译为“费昂斯”，此后约定俗成，全球考古界也接受了这一命名，中国的西周玻璃则被称为“中国的费昂斯”[2]。

西周玻璃是指发现于西周墓中的玻璃珠、管、片等器物，以珠、管为主。颜色有松石绿色、浅绿色、蓝色和浅粉色。学界称这种人造珠、管为西周玻璃，多见于西周至春秋时期，被认为是中国最早的玻璃[3]。西周玻璃的功能与用途十分简单，多用于串饰，权贵者将蓝色或绿色玻璃珠、管与白玉、红玛瑙等配合使用，串联成玉组佩，使其多彩化。山西曲沃晋侯墓地31号墓出土的西周时期玉组佩（图1）。该佩出土于墓主胸部，共有408件，由玻璃珠、玛瑙珠串连接6件玉璜组成（图中浅蓝色部分为西周早期的原始玻璃）。

考古发现西周时期的原始玻璃，一般与各式玉石、玛瑙等材质的管珠同出，在人骨架的位置发现。有学者认为这种西周玻璃的制作材料是从青铜器铸造时产生的副产品中获得，再经过提炼加工制作而成，并称其为“铅钡釉砂”[4]。

春秋时期外国的商贾和玻璃工匠将其货品和技艺，从西亚带入中国。

图 2　战国蜻蜓眼玻璃珠

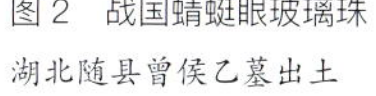

湖北随县曾侯乙墓出土

图 3　西汉玻璃龟形器

广西合浦县文昌塔 1 号汉墓出土

即是说，春秋末期至战国初期输入中国的不只是蜻蜓眼玻璃珠制成品，还包括玻璃制造的工艺及技术，随即产生了中国式蜻蜓眼玻璃珠。山西太原晋国赵卿墓出土蜻蜓眼玻璃珠 13 枚，烧造年代为春秋晚期至战国早期。

湖北随县曾侯乙墓出土蜻蜓眼玻璃珠 173 枚（图 2）。这种白地蜻蜓眼玻璃珠很有可能是曾侯受外来同类制品启发而仿造的中国自产的玻璃珠，工艺精巧，可与西亚玻璃制品媲美。湖南长沙陈家大山战国墓 M4 出土的战国玻璃璧，直径 14.1 厘米，重 225 克，是湖南地区出土的战国玻璃璧中迄今发现最大最重的一件。据悉仅玻璃璧，长沙就出土 80 件，湘南其他各市县出土 61 件，湖南以外的省市出土 26 件。事实上，80% 以上的玻璃璧出自于湖南，可以认为楚国是玻璃的生产基地之一，其中心可能就在长沙[5]。战国时期楚国的玻璃璧应该是中国古代最早的符合现代科学定义的自制玻璃器。

湖南长沙、湘乡、衡阳等地战国墓均有出土战国玻璃剑饰，多为浅绿色、米黄色和乳白色，其造型和制作工艺与战国时期的玉剑饰一样。目前考古发现的战国玻璃璧、玻璃环以及玻璃剑饰等，经检测为铅钡玻璃，此时的玻璃质量较西周原始玻璃大为提升。

湖南地区不产玉，以佩戴玻璃饰品代替玉饰品，以玻璃代替玉并不是因为其价值和品级低，而是因楚国地区乏玉而使人们不得不用玻璃来代替玉器，以缓解玉料不足之难。战国时期这些仿玉玻璃的兴起，应该是楚人的时尚。

汉代皇家玻璃器，以中山靖王刘胜墓出土的玻璃耳杯、玻璃盘为代表，经检测为铅钡玻璃。此外，该墓出土汉代玻璃器还有盘、筒形杯、仿玉衣片以及玻璃覆面片、玻璃蝉、玻璃窍塞等殓具[6]。

广西合浦县文昌塔汉墓出土的西汉玻璃龟形器（图 3），透明，经检测为钾硅玻璃。此地汉墓出土的汉代玻璃碗，与日本秀美博物馆和美国宾夕法尼亚大学博物馆分别收藏的两件玻璃碗的颜色、尺寸和器型都十分相似。宾夕法尼亚大学博物馆的玻璃碗是 1963 年于塞浦路斯出土，为公元前后的罗马玻璃，颜色为琥珀色。通过类型学比较，可以说明合浦县文昌塔出土的玻璃碗也应该是罗马玻璃[7]。合浦地区汉墓群出土的玻璃杯、玻璃碗和玻璃珠饰等，经检测有的为国产钾硅玻璃，有的为国产铅钡玻璃，也有的为域外所产的钠钙玻璃。

汉代从西方进口玻璃制品分陆、海两路。陆路是从西亚经西域各国到达长安（今西安），这是陆上“丝绸之路”。《汉书 · 地理志》记载，从合浦出发，经东南亚抵达南亚的远洋贸易航线，这是我国官方记载的年代最早的海上“丝绸之路”，广西合浦是海上丝绸之路最早的始发港。

晋代葛洪在《抱朴子 · 论仙》中记载：“外国作水精碗，实是合五种灰以作之。今交广多有得其法而铸作之者。”这里说的“水精碗”，就是玻璃碗，“交广”地区即今广东、广西和越南北部。该记载说明晋代以前，两广地区由于海外交通的便利，已向西方学到烧制玻璃技术，利用当地的原材料烧制出钾硅玻璃，既不同于西方的钠钙玻璃，又有别于国产铅钡玻璃，不仅克服了不耐高温的缺陷，而且由于选用了铁、钴、锰、铜做主要着色剂，颜色较鲜艳，有绿、蓝、淡青、墨绿、湖水蓝、深绿、黑、白等多种颜色。生产出盘、碗、圜底杯、托盏杯等新器型，开启了汉代玻璃生产的新局面。

二、北魏至辽代玻璃器

根据考古资料显示，北魏时期中国已经掌握了玻璃吹制技术，可以吹制器形较大的薄壁玻璃容器，玻璃成分也发生了较大变化，汉代常见的铅钡玻璃不再出现，取而代之的是不含钡的高铅玻璃和碱玻璃。

河北定县（现为定州市）华塔塔基出土的北魏时期玻璃钵，属于中国传统器型，采用了无模吹制成型法，玻璃中含有较多的气泡，钵的口沿使用了烧口技术，借鉴了罗马玻璃和萨珊玻璃的传统工艺，是制作水平较高的国产玻璃[8]。

江苏南京象山 7 号墓出土的东晋时期玻璃杯[9]，辽宁省北票冯素弗墓出土的北燕时期玻璃杯，经检测均为罗马玻璃。

宁夏固原南郊乡深沟村李贤夫妇合葬墓出土的北周时期玻璃碗（图 4），原料纯净，熔制水平较高，采用了冷加工的琢磨工艺，纹饰独特，是有模吹制而成的厚壁碗，是萨珊玻璃的精品[10]。

陕西西安李静训墓出土的隋代玻璃杯，经检测为钠钙玻璃；墓中出土的隋代带盖玻璃盒和圆形盖，经检测为铅玻璃，它们是具有典型的中国器形的玻璃器皿，都采用了吹制技术，制作精细，反映出中国玻璃吹制技术已有了较大的提高[11]。

陕西扶风法门寺地宫出土的唐代玻璃瓶，经检测为东罗马进口玻璃器，年代大约为公元 5 世纪[12]，反映了唐代长安与欧洲和西亚保持着密切的贸易关系。而同时出土的唐代玻璃茶碗和茶托，具有典型的中国特色，应为国产玻璃。

佛教寺庙塔基、皇室及贵族大墓出土的玻璃器物表明，隋唐时期中国已经掌握了外来的玻璃吹制技术，其质地和工艺接近西方玻璃器。铅玻璃和钠钙玻璃共存，是隋唐玻璃的主要特点。特别是那些质地为钠钙玻璃，造型为中国特点的器物，表明了隋唐时期既能制造出高铅玻璃，又能制造出质地较好的钠钙玻璃。这类玻璃器只在贵族大墓中出现，且多数保存完好，说明玻璃器在隋唐时期是很珍贵的。

河北定县静志寺塔基出土的宋代玻璃器，有葫芦形瓶十件，小口瓶一件；河北定县净众院舍利塔基出土了三十余件玻璃器，其中一件为细颈瓶，一件为四联瓶，其余为葫芦形瓶。除静志寺塔基出土的一件小口瓶为进口伊斯兰玻璃外，其他均为无模吹制透明国产玻璃，器壁薄，颜色有蓝、绿、黄棕、褐色等。

安徽无为舍利塔基出土的北宋磨花玻璃瓶；浙江瑞安慧光塔出土的长颈薄胎玻璃小瓶，均为波斯产品，制造工艺为吹制薄胎技术。

宋代佛寺塔基出土的玻璃器，主要是佛教寺庙供奉用品，以葫芦形舍利瓶为最多，除个别为进口玻璃外，大部分为国产铅玻璃。

辽宁朝阳北塔天宫出土的辽代金盖鸟形玻璃瓶，呈淡绿色，胎极薄，整体造型具有典型的西亚风格，为波斯产品[13]。

天津市蓟州区独乐寺出土的辽代玻璃刻花长颈瓶（图5），经检测为钠钙玻璃，与伊斯兰玻璃成分相似，器形和刻花纹饰都与伊朗德黑兰考古博物院现存的乃沙布尔出土的10世纪水瓶相似，应为伊斯兰玻璃器。与此相近的刻花玻璃瓶，在中国佛寺还发现三件，均为伊斯兰制品，不过以蓟州区出土的刻花玻璃瓶，器型最大，最为精美[14]。

辽代陈国公主墓位于内蒙古通辽奈曼旗青龙山镇，是迄今为止发现的保存最完整、出土文物最丰富的契丹高级贵族墓葬[15]。该墓葬出土多件玻璃器，其中辽代乳钉纹玻璃盘，外壁凸饰二十八个四棱锥状乳钉，这种造型及装饰方法的玻璃器皿，在西方常可见到，应为罗马地区产品；辽代刻花玻璃瓶，此瓶与耶路撒冷的以色列博物馆收藏的一件玻璃瓶几乎相同，据此推测，该瓶应为10世纪末或11世纪初的伊朗产品。

辽代玻璃器出土较少，主要集中在几个贵族大墓或佛教寺庙中，其用途以陈设品与佛教供奉品为主，民间日用饰物极为罕见，可见辽代民间并没有使用玻璃器的习俗。它们多为西方国家和中亚地区输入的产物，造型精美，保存完好，由此可见玻璃器在辽代是一种贵重物品。

图4　北周玻璃碗
宁夏固原李贤夫妇墓出土

图5　辽代玻璃刻花长颈瓶
天津蓟州区独乐寺出土

三、元明清时期玻璃器

元代设立了制造玻璃的官办作坊“瓘玉局”，专门烧造仿玉玻璃器。元代的玻璃器，除在博山古代玻璃炉遗址中有发现外，各地墓葬中也有出土，以发簪和珠环类为多，大件器物少见出土。

甘肃漳县汪世显墓出土的元代玻璃莲瓣托盏，器形规整，工艺精湛。江苏苏州元末张士诚之母曹氏墓出土的元代玻璃圭，是目前所知最大的元代玻璃器[16]。

明代宋应星的《天工开物》中记载了当时玻璃制作的全过程。今山东博山已发现了元末明初的玻璃作坊遗址，出土了玻璃废丝头和珠、簪等残品。明代墓葬中出土的玻璃器不多，仅有玻璃围棋子和玻璃带板，

图6　清代乾隆玻璃胎画珐琅彩人物图鼻烟壶
天津博物馆藏

这是由于玻璃器已在民间普及，达官贵人不再珍爱。

清代鼎盛时期，清宫造办处玻璃厂于康熙三十五年（1696年）成立，康熙三十九年（1700年）建成，引进欧洲技术，西方传教士纪里安等参与并指导清宫内廷玻璃器皿的制作[17]，制造了大量的玻璃器，如康熙透明玻璃水丞，其制作工艺是先将熔融的玻璃料吹成扁圆状，再用琢玉方法加工而成，这是标准的康熙时期御制玻璃器，其器型蕴含了中西文化因素，反映了西方传教士对中西文化交流的积极影响。乾隆时期造办处玻璃厂、珐琅处、金玉作都参与制作，创造出金星玻璃、搅玻璃、玻璃胎画珐琅等制作工艺，生产的玻璃器和玻璃鼻烟壶，达到了登峰造极的程度。如乾隆玻璃胎画珐琅彩人物图鼻烟壶（图6），天津博物馆藏。涅白玻璃地，扁方瓶式。壶体正反两面均绘仕女，壶两侧绘胭脂红色山水图案，底作椭圆凹心足，内书“乾隆年制”款。此鼻烟壶的制作工艺是用珐琅彩在玻璃胎上绘制图案，经焙烧后制作而成。因这种涅白玻璃熔点与珐琅彩釉料熔点接近，故极难烧制成功，因此非常珍贵。

由于清代皇家对玻璃器的钟爱，促进国内玻璃器的生产，一时官造、民造并举，玻璃器空前发展。除清宫造办处玻璃厂外，已知的民间玻璃产地还有北京、广州、苏州和山东博山等地。博山在光绪年间，每年向外地输出大量的玻璃制品，产品有屏风、念珠、鱼瓶、簪珥、砚滴、葫芦、佛眼等几十种。有的还销往东南亚各国，甚至转销到北美洲。

考古资料表明，中国古代的玻璃制造工艺始于西周时期，至清代发展到顶峰。中国古代玻璃器存世的数量相对较少，但始终保持自己独特的风格，其造型、纹饰及化学成分都与外国玻璃相迥异。中国玻璃制造业与世界其他玻璃生产中心始终保持交流，西亚地中海地区生产的玻璃器和玻璃制作技术通过丝绸之路引入中国，这些玻璃器或作为佩饰，或作为器物陈设，为人们生活带来了异域的风采，成为古代中国与外国文化艺术交流的见证，展现了丝路文化独特的艺术魅力及其沟通东西文明的历史功绩。

注释：

[1] 关善明：《中国古代玻璃》，香港中文大学文物馆出版，2001 年。

[2] 关善明：《中国古代玻璃》，香港中文大学文物馆出版，2001 年。

[3] 干福熹、胡永庆、董俊青等：《河南平顶山应国墓地出土料珠和料管的分析》，《硅酸盐学报》2009 年第 37 卷第 6 期。

[4] 董俊卿、后德俊、干福熹：《中国古代釉砂的科学研究》，《中国古代玻璃技术发展史》，上海科学技术出版社，2016 年，第 66 页。

[5] 杨伯达：《西周至南北朝自制玻璃概述》，《故宫博物院院刊》2003 年第 5 期。

[6] 中国社会科学院考古研究所、河北省文物管理处：《满城汉墓发掘报告》，文物出版社，1980 年，第 212 页。

[7] 熊昭明：《两件“镇馆之宝”发现记略》，《中国文物报》2017 年 10 月 10 日第 3 版。

[8] 安家瑶：《中国黄河和长江中下游地区魏、晋、南北朝时期的玻璃技术》，《中国古代玻璃技术发展史》，上海科学技术出版社，2016 年，第 164 页。

[9] 南京市博物馆：《南京象山 5 号，6 号，7 号墓清理记》，《考古通讯》1958 年第 9 期。

[10] 宁夏博物馆、宁夏回族自治区固原博物馆发掘组：《宁夏固原北周李贤夫妇墓发掘简报》，《文物》1985 年第 1 期。

[11] 黄振发：《中国黄河和长江中下游地区隋、唐、宋时期的玻璃技术》，《中国古代玻璃技术发展史》，上海科学技术出版社，2016 年。

[12] 法门寺考古队：《扶风法门寺唐代地宫发掘简报》，《考古与文物》1988 年第 2 期。

[13] 董高、张洪波：《辽宁朝阳北塔天宫地宫清理简报》，《文物》1992 年第 7 期。

[14] 关善明：《中国古代玻璃》，香港中文大学文物馆，2001 年，第 79 页。

[15] 内蒙古考古研究所：《辽陈国公主驸马墓发掘简报》，《文物》1987 年第 11 期。

[16] 张维用：《中国黄河和长江中下游地区元、明、清时期的玻璃技术》，《中国古代玻璃技术发展史》，上海科学技术出版社，2016 年。

[17] 杨伯达：《清代玻璃概述》，《故宫博物院院刊》1983 年第 4 期。

华美与幻彩
——捷克玻璃艺术探寻

邵　雯

玻璃是人类发展的第一种综合性材料，也是生活中较为广泛的应用材料之一，它在长达五千年的漫长历史中始终伴随着人类的文明与进步。对于习惯于使用现存材料（木头、骨头和石头），或者能够精细化和改变自然物质（金属和黏土）的文化中这本身就是一个高度成熟的概念[1]。在西方，玻璃的制作和运用比中国提早了大约3500年，历史悠久，工艺精进的玻璃工艺仿佛在西方人脑海中被赋予了特殊的含义，它纯洁的外表和百变的造型也深得上至皇室贵族、下至平常百姓的由衷喜爱。

天津博物馆入藏了一批品类丰富的西洋玻璃器，囊括波西米亚、英国、法国、美国等不同地域风格藏品，综合呈现了19世纪后期至20世纪末西方玻璃器的整体艺术风尚。其中波西米亚捷克玻璃器占到藏品总数近30%，时间跨度近百年，装饰工艺有车刻、套色、描金、镀金、釉彩等，基本涵盖所有装饰技法。文中会择选两件藏品重点介绍，通过它们的工艺特点和艺术风格呈现出藏品背后的人文主义色彩和浪漫主义气息，其珍贵程度可见一斑。

一、西方玻璃发展史概况

约公元前4000—前3000年，出现原始玻璃器和玻璃窑口，古埃及和美索不达米亚北部也先后出现了用黏土施透明釉制作的小型器皿。到了约公元前1500年，埃及，美索不达米亚玻璃制作出现了内核成型技术，即在易剥落的内核表面涂上玻璃层，待玻璃冷却后除去内核形成小型容器（图1），该技术在埃及图特摩斯三世（Thutmose Ⅲ）王朝时期达到巅峰，于吹制玻璃工艺发展后慢慢衰落。

图1　一组由内核成型技术完成的容器
英国布里斯托博物馆藏

公元前332年，亚历山大建立玻璃制作中心，出现马赛克玻璃融合技术及千花玻璃等工艺。公元前50年，居住在地中海东岸善于航海和贸易的腓尼基人创造了玻璃的吹制工艺，可以将熔融玻璃液体随心所欲地吹制成各种形态的器皿。玻璃吹制工艺是独立并排除了其他主要玻璃成型工艺发展而来的，它主导了玻璃的成型方式和玻璃造型，拥有显赫的地位（图2）。公元1世纪，罗马帝国玻璃窑口开始使用明火，

图 2　蓝色玻璃瓶　吹制
意大利或近东　公元 1—2 世纪
捷克共和国布拉格国家工艺美术博物馆收藏

图 3　一件压制模具
布罗德菲尔公司（Broadfield House）玻璃博物馆藏

创新出套色、珐琅彩和鎏金工艺。公元 5 世纪罗马帝国覆灭，在德国的莱茵河等地出现中世纪早期的玻璃生产中心。到公元 10 世纪，意大利威尼斯出现早期玻璃厂。

16 世纪之后，威尼斯玻璃制造工艺逐渐扩散到西欧和中欧，此时波西米亚玻璃制造开始渐露锋芒。17、18 世纪，各地玻璃制作工艺呈现百花齐放，水晶玻璃、石灰玻璃、红宝石玻璃、乳玻璃等，创新工艺的同时又相互借鉴。

19 世纪玻璃吹制工艺模具压制工艺的发明挑战了的完全统治地位[2]（图 3）。新的生产方式使玻璃瓶和罐装容器得以标准化，同时赋予了产品独特的造型、名称和商标，例如可口可乐。

20 世纪开启了玻璃材料的全面工业化时代，开发和改进了很多工业化玻璃量产的生产机器和生产线，例如为生产汽车防风玻璃，福特公司开发平板滚轴工艺、为生产灯泡开发康宁带式机器等。

二、绚丽多彩的捷克玻璃王国

相较古埃及和两河流域的玻璃工艺发展，起源于欧洲中世纪的波西米亚玻璃工艺的历史并不算悠久，但它刚崭露头角就在欧洲市场占有一席之地，它探索改进工艺，通过水晶玻璃迎来自己的黄金时代；它积极寻求造型彩绘新形式，打败对手在国际市场享有盛誉；它不满现状，追赶寻觅市场新动向，颜色玻璃、釉彩玻璃等新品种依次诞生；直至当代，经捷克艺术家抽象奇幻的艺术创作，将它再一次推上世界舞台引领潮流新风向。自由的艺术、卓越的艺术影响力、无休止的艺术探索造就了捷克玻璃艺术，成就了这个充满浪漫主义色彩的神奇国度。

（一）探索初萌时代

考古发现显示，公元前 4 世纪凯尔特人已在捷克留下不少玻璃制造遗迹，也正是在凯尔特人中的一支博伊人（Bois）成为此地的主要居民时，罗马人将此地的国家命名为 Boiohaemum，意思是“博伊人的家园”，后来演变成今天的“波西米亚”（Bohemia）[3]。

捷克的玻璃工艺源于 9 世纪，随天主教传入波西米亚，当时并没有工厂制作玻璃制品，都是手工艺人或传教士自己制作日常生活用品。考古发掘显示，捷克最早的玻璃制作遗址在捷克与德国接壤的北波西米亚的卢萨蒂亚山脉（Lusatian Mountains），其时间大约在 1250 年左右。

13 世纪之后，捷克与欧洲国家贸易交流更广，很多来自威尼斯和巴黎的玻璃工匠及艺术家到波西米亚定居，带来了繁复的玻璃工艺方法，致使波西米亚玻璃逐渐从实用性过渡到装饰性。

（二）砥砺黄金时代

17、18 世纪，波西米亚玻璃逐渐兴盛。由于对玻璃工艺掌控能力的增加，通过制作材料的净化以及微量元素的添加，创造了可以用来切割、车刻且更具折射效果的玻璃——水晶玻璃。波西米亚水晶玻璃第一次将玻璃提纯到令人迷醉的程度，繁复讲究的烧制技术和特定的角度切割，使其透过光线折射出晶莹明澈的辉彩。

17 世纪波西米亚玻璃匠人创造出风行于欧洲的一种具有巴洛克装饰效果的玻璃器，这些玻璃器是一种具有繁复奢华的新装饰方式。最具代表性的是饰有布雷斯劳风景的高脚酒杯，将一个地区的全景地形图刻于酒杯之上[4]（图 4）。在玻璃上进行繁复刻花雕花工艺提升了产品价格和地位，反映了脱离原本使用目的的趋势，这种设计也受到贵族皇室的特别青睐。其潜在的根本原因在于宝石加工和石材车刻的传统为玻璃雕刻提供了审美动力和适合玻璃材料工艺发展的技术[5]。

图 4　饰有布雷斯劳风景的高脚酒杯
西里西亚　1735 年
捷克共和国布拉格国家工艺美术博物馆收藏

由于中国陶瓷开始源源不断外销海外，流入欧洲。18 世纪波西米亚工匠发明了拥有瓷器质地的乳白色玻璃（milk glass），在波西米亚著名的诺维斯维特（Novy Svet）的哈拉赫（Harrach）玻璃作坊，于 1764 年后独立生产并全部制作乳玻璃。这一潮流直至 19 世纪仍然流行，同时流向法国、英国、意大利等国家。

（三）革新繁荣时代

19 世纪是波西米亚地区玻璃制作的繁荣时期，玻璃工匠在不断汲取各类艺术精华的基础上，依靠他们对时代风格的敏锐洞察力生产出具有浪漫主义色彩的玻璃。

釉彩装饰的颜色玻璃大规模进行世界贸易出口成了波西米亚地区玻璃制作的重心。釉彩工艺又称玻璃画珐琅，是一种将碾碎的玻璃粉末混合助熔玻璃、油、蜂蜜或树胶等媒介后，工匠用画笔在室温玻璃容器表面进行图案和颜色装饰的绘画（图 5），加热后直到助熔剂流动，主体玻璃表面和釉彩永远凝结在一起。这件摩瑟 (Moser) 玻璃器即在透明黄色玻璃器表面镀金并用黄色釉彩描绘花卉纹装饰，大胆运用同色彩系彰显

图 5　玻璃作坊中工匠正在进行玻璃彩绘

图 6　透明黄色镀金刻面玻璃画珐琅花卉纹瓶
摩瑟（Moser），19 世纪 80 年代，天津博物馆藏

图 7　透明套紫色镀金玻璃画珐琅朵花纹高脚杯
摩瑟（Moser），19 世纪 90 年代至 20 世纪初，天津博物馆藏

釉彩，堪称精品（图 6）。

同时波西米亚玻璃的套料工艺也闻名于世，在一层颜色玻璃上套取另一层颜色，成型后进行车刻，一时颇为流行。这件玻璃器运用颜色玻璃与透明玻璃套色，先刻出圆形平面，形成鲜明对比，再绘制花卉纹样的釉彩并配合镀金工艺形成富丽华美的效果，足以表达欧洲玻璃华贵的风格（图 7）。

1828 年由玻璃工艺师弗里德里克 · 艾格曼研发的宝石玻璃，是一种模仿半宝石的玻璃，生产宝石玻璃需要热成形和彩绘两种工艺。宝石玻璃主要用于制作小物件，如酒杯、碟子和有塞小瓶，它们的口沿和边缘往往鎏金，表面的花朵、昆虫和中国风纹样也往往描金。

（四）抽象艺术时代

20 世纪初，新艺术主义成为风靡全世界的新潮流，捷克玻璃设计反映了绘画、建筑和雕塑上的新思潮。

战后捷克玻璃艺术最为突出的特点就是抽象化，这在很多的设计手稿和玻璃实物中都有所体现，玻璃材料成了当代绘画和雕塑等纯艺术的表达媒介[6]。

在冷战时期的政治高压下，捷克玻璃艺术设计一直在抽象语言的先锋艺术领域担当重要角色，保持艺术的独立性和原创性出口，持续影响着绘画、建筑和雕塑艺术，并始终影响着 20 世纪整个世界的玻璃艺术史[7]。

三、结　语

如今来到捷克，无论是温泉城市卡罗维瓦利或是尼罗河畔的亚布洛内茨等都是历史悠久的捷克玻璃产地，都能感受到波西米亚玻璃水晶般的美妙质感，与意大利、法国相比，捷克玻璃艺术的最大特点在于多变的造型及抽象艺术的无限思考空间。捷克玻璃器造型新奇别致、工艺精良考究、质地剔透玲珑的特点时至今日仍成为吸引世界各国游客来此旅游的重要因素。

注释：

[1] 〔英〕基思 · 卡明斯著，薛吕译：《世界玻璃工艺史》，上海交通大学出版社，2014 年。

[2] 〔英〕基思 · 卡明斯著，薛吕译：《世界玻璃工艺史》，上海交通大学出版社，2014 年。

[3] 春平、赵欧：《捷克玻璃 光影与色彩的捕手》，《文明》2014 年第 11 期。

[4] 穆朝娜：《透射与折射——欧洲玻璃艺术管窥》，《文物天地》2015 年第 11 期。

[5] 〔英〕基思 · 卡明斯著，薛吕译：《世界玻璃工艺史》，上海交通大学出版社，2014 年。

[6] 薛吕：《战后捷克的玻璃艺术》，《上海工艺美术》2002 年第 6 期。

[7] 黄璐滢：《设计时代的逆境——20 世纪中期捷克玻璃艺术》，《美术学刊》2012 年第 11 期。

后　记

美国摩根包装品公司董事长、著名实业家王桐发先生，在美国侨居二十年来，一直不忘家乡天津的发展建设，并多次以善举践行对家乡的经济文化事业的支持。王先生善于收藏，尤其对装饰性强的艺术品更是情有独钟。西洋玻璃器是他众多收藏中的亮点，也是他二十多年付出心血最多的，他关注到家乡博物馆没有类似藏品，于是欣然将自己的宝物捐赠出来，填补了天津博物馆西洋玻璃器的收藏空白。

2018 年 6 月 1 日，是天津博物馆建馆百年的日子，天津博物馆专为王桐发先生捐赠的西洋玻璃器举办特展，以褒扬王先生的爱国爱乡之举。该展览以玻璃特有的魔幻的视觉冲击和奇异情调，给观众送上一股赏心悦目的艺术新风。

展览能成功举办特别要感谢北京故宫博物院研究馆员张荣女士和上海视觉艺术学院副教授、留学英国胡弗汉顿（Wolverhampton）大学玻璃艺术专业的薛吕博士。因类似的藏品和展览国内鲜见，本馆内亦没有相关的研究人员，是两位专家百忙中拨冗对这批藏品进行鉴定，并在我们盛邀之下撰写了展览大纲，于此基础上，我们才为观众送上这台体验西方艺术与技术华美结合的展览。此外，两位老师还为本图录的编辑予以热情指导，薛吕博士更是助以佳作，大大提升了本书的学术水平。

在国内文博领域，关注和研究西方古代玻璃艺术的专家相对较少，成果亦来日可期。本书的编者们努力以有限的知识给予读者尽可能多的信息，凭垒土之作，投砾引珠，并求与同好者共赏研、共完善。

徐春苓